LAS PELÍCULAS QUE DEBE CONOCER

LA PRIMERA MITAD DEL SIGLO XX

Una selección de las mejores películas de la historia del cine desde sus inicios hasta mediados del siglo XX

NELSON CORDIDO ROVATI

Tomo 1

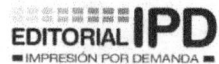

Caracas, Venezuela

Copyright © 2012 Nelson Cordido Rovati

Primera edición: abril 2013
Segunda edición: diciembre 2014

ISBN:1481297007
ISBN-13:9781481297004

DEDICATORIA

A Mateo, Victoria y Marcelo,

Mis nietos, quienes desde sus primeros años de vida mostraron
pasión por el cine

CONTENIDO

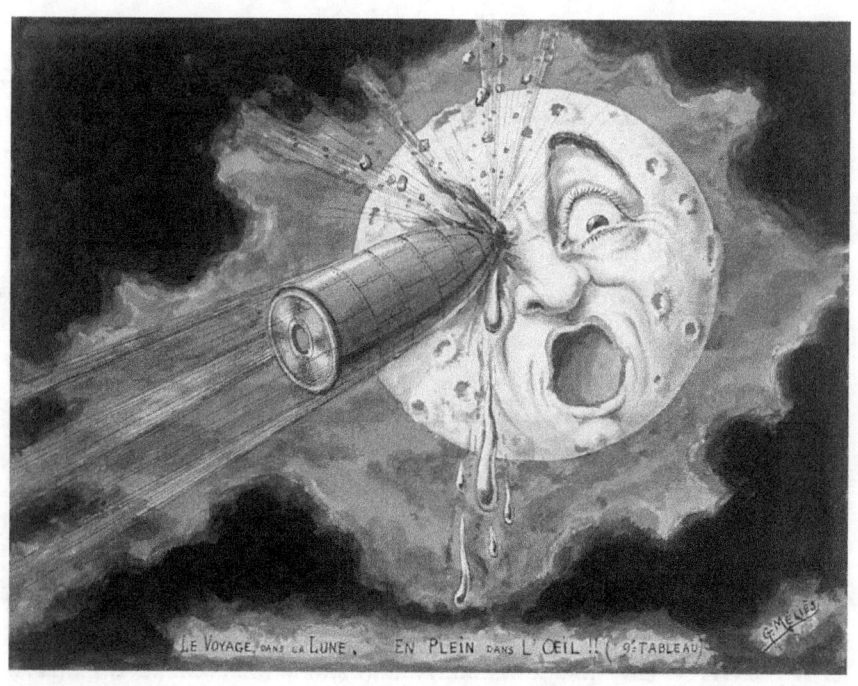

El viaje a la Luna

PRÓLOGO A LA SEGUNDA EDICIÓN

La primera edición de este libro se realizó en abril de 2013. Fue el primer libro de la serie *Las películas que debe conocer*. El avance de la investigación en que se basa la presente serie que es determinar las películas más relevantes de la historia del cine mundial, y posteriormente, las ediciones de los tomos 2 y 3 que incluyeron una serie de datos y referencias, hizo necesario actualizar el tomo 1. Esta edición, a diferencia de la primera, incluye los siguientes cambios:

1) Dos nuevas películas: *La carreta fantasma* (1921), del director sueco Victor Sjöström, y *Alma en suplicio* (1945) del estadounidense Michael Curtiz.
2) El índice por palabras claves que permite la inmediata ubicación donde se menciona un determinado tema.
3) Notas aclaratorias al final del texto de términos y conceptos a medida que se presentan en la lectura.
4) En cada película se presentan las fotografías ordenadas en el tiempo y con una breve descripción.

ACLARATORIA

La lectura de este libro debe ser acompañada con las consultas respectivas al blog librospeliculas.blogspot.com, donde el lector podrá ver videos de cada una de las películas aquí tratadas.

En la mayoría de los casos está disponible la película completa (las que son de dominio público), y en otros podrá ver el tráiler o las escenas claves; como por ejemplo, la escena de *Casablanca* (1942) donde Liza se encuentra con Rick en el café después de una larga ausencia y lo mira con los ojos humedecidos mientras Sam toca *As Time Goes By*. Esa mirada es considerada por muchos espectadores, usualmente del sexo masculino, como la más seductora en la historia del cine. O la emotiva escena de fuerte crítica política, también de *Casablanca*, en la que Lazlo entona orgulloso *La Marsellesa* y silencia el cántico patriótico del grupo alemán en el Café de Rick; en una época en la que el himno francés estaba prohibido en la Francia ocupada y era considerado como un elemento de resistencia a la invasión alemana y al gobierno colaboracionista de Vichy.

El blog librospeliculas.blogspot.com contiene mucho material de cine y de literatura, y constituye un complemento importante para tener una visión completa de la película que desea conocer. No obstante, puede resultar algo difícil encontrar los videos. La manera más fácil de ubicarlos es ir a la casilla de búsqueda en la parte superior derecha y escribir las primeras palabras de la película.

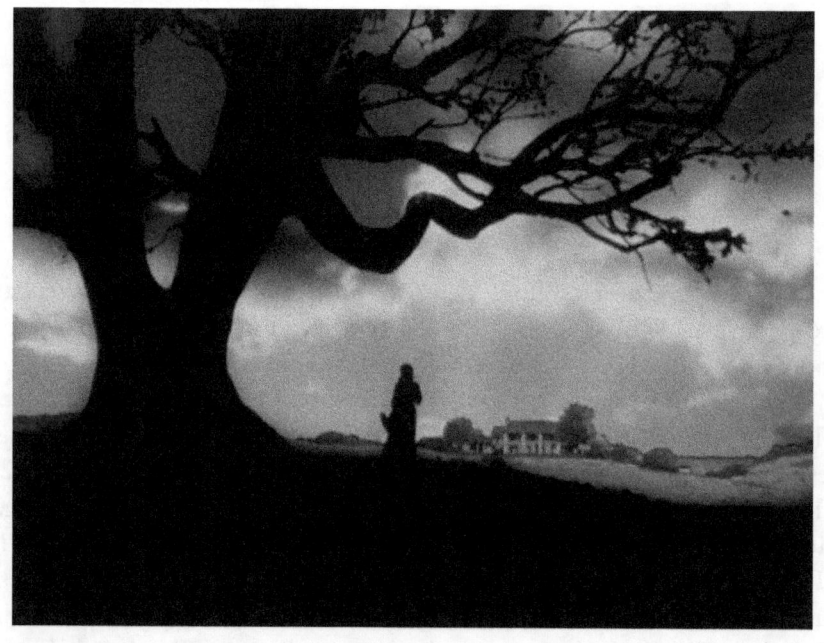

Lo que el viento se llevó

1. EXORDIO

Es muy probable que usted sea constantemente bombardeado con publicidad sobre películas que van, o acaban de ser lanzadas al mercado. Es normal esperar el estreno para verlas y comentarlas con sus amigos. Posiblemente entre esas películas, alguna sea realmente buena. Después de verla, la recomienda a sus amigos y compañeros de trabajo y le gustaría que cuando sus hijos o nietos estén en la edad apropiada no se la pierdan. Pero muchas otras no lo son, muchas son cintas de mediocre contenido que pronto pasarán al olvido. Qué sucede con esa película excepcional que acaban de estrenar. Al principio se hablará mucho de ella, aunque unos años más tarde ya no la promocionarán y casi nadie la recordará. Imagine a un joven de 20 años; solo tendrá memoria cinematográfica de sus últimos años. Si estamos en el año 2015, las películas anteriores al 2000 difícilmente estarán a su alcance. Es decir, se pueden alquilar o adquirir vía Internet o en tiendas especializadas, pero ¿cómo saber cuál? La crítica y los comentaristas generalmente se dedican a los estrenos, son escasos los que comentan películas que ya no están en cartelera.

Yo nací a finales de 1949. Al comenzar a escribir este libro, revisé cuándo había visto por primera vez las grandes películas incluidas en el presente tomo, por supuesto, películas realizadas antes de mi nacimiento. Sólo había visto dos (antes de que se despertara en mí el interés por el cine clásico): *Fantasía*, lo cual era obvio porque a esa película llevaban a todos los niños en la década de 1950; y *Lo que El viento se llevó*, que la vi con mi abuela cuando yo tenía unos 13 años.

Ella solía ver esa película cada vez que la proyectaban de nuevo, que por cierto, no era muy frecuente. Pero la mayoría de las excelentes películas que fueron estrenadas en los primeros años de mi vida, no las vi ni supe de ellas hasta mucho después que mi interés por el cine clásico afloró y me esforcé en conseguirlas.

Adicionalmente, está ocurriendo otro fenómeno interesante. Desde mediados del siglo XX, el cine ha venido conquistando cada vez con más propiedad su rango de "expresión artística". Ya desde hace mucho tiempo se le llamó el séptimo arte, porque no encajaba plenamente dentro de alguna de las seis artes tradicionales: Pintura, Escultura, Danza y Teatro, Literatura, Arquitectura, y Música. El cine contiene elementos de todas estas y algo más.

Cuando deseamos disfrutar de alguna expresión artística, no buscamos los últimos lanzamientos sino que es usual incursionar en los clásicos. Por ejemplo: en el arte de la música, seguramente buscaremos algo de Chopin o Beethoven, aparte de algo reciente, y si vamos a París buscando disfrutar de pinturas o esculturas, no solo visitaremos las galerías de moda para ver las últimas propuestas, seguramente iremos al Louvre o al Museo Rodin para admirar las grandes obras de todos los tiempos; y lo mismo ocurre con la literatura, pues una obra maestra de los clásicos transmite por lo general mucho más que los nuevos lanzamientos.

Algo similar está sucediendo en el siglo XXI con el cine. Los clásicos no pasan de moda, por el contrario, cada vez adquieren mayor importancia y mientras más los conocemos, mejor comprendemos el cine actual. De los varios centenares de películas que se estrenan cada año, solo permanecen en el tiempo un par de decenas.

Este libro pretende proveer al lector con la información básica de las películas que de alguna manera han influido en el enriquecimiento del cine mundial o simplemente han sobresalido por alguna razón y aparecen en las listas de "Las mejores películas", bien sea por su calidad, su impacto, lo novedoso del tema, su belleza o cualquier otro aspecto que la convierta en una película que debe verse. El objetivo de este libro más que analizar o criticar las películas seleccionadas, es presentar los datos básicos de cada filme, tales como la ficha técnica, el argumento, algunas curiosidades, detalles del rodaje, y su impacto en el cine, de una forma amena y breve para que así el lector conozca de qué se trata una película sin haberla visto y pueda elegir más acertadamente cuál quiere ver. Hay películas clásicas que son consideradas obras maestras pero que muy pocos están interesados en ver; por ejemplo, *El nacimiento de una nación*, una película maravillosa del gran director estadounidense D. W. Griffith, estrenada en 1915. Esta tiene una duración superior a las tres horas, por supuesto es muda, con abundantes interrupciones de la imagen para mostrar los textos explicativos, por lo general excesivamente largos, que ayudan a entender la trama; además, la película es poco nítida y en blanco y negro. Para los gustos y costumbres actuales, probablemente pocos espectadores estarían dispuestos a verla antes de que el aburrimiento los envuelva, pero si usted está interesado en el cine, debe conocer cuál es su importancia y cuáles fueron sus aportes. Así que seguramente quiera ver sólo algunas escenas, lo cual podrá hacer porque este libro le indicará una dirección en internet donde podrá ver escenas claves de cada filme aquí mencionado (librospeliculas.blogspot.com).

Sin ir tan lejos, conozco muchas personas que no han visto películas más recientes como *Ciudadano Kane* (1941) o *Casablanca* (1942). Alguna vez quizás intentaron verlas, pero por alguna razón desistieron. Durante las revisiones del presente manuscrito, sucedió que a algunos lectores que no habían visto muchas de las películas listadas, les pareció tan interesante la descripción que se motivaron a verlas. En algunos casos, les resultó más interesante la nota escrita que la película; quizá porque podían conocer la historia y su desenlace rápidamente sin tener que estar dos horas frente a la pantalla. Esto sucedió por ejemplo con *Rashomon* (1950), una de las primeras obras maestras conocidas en Occidente del famoso director japonés Akira Kurosawa (por cierto, esta película es parte del tomo 2 de esta colección: *Las películas que debe conocer - Los años 50*).

Sin duda alguna la selección de las películas ha sido una tarea muy difícil, ya que existen muchas otras que podrían estar incluidas en este libro; pero por razones prácticas hubo que limitar el número de estas. Se consultaron diversas fuentes, tales como: Internet Movie Database (IMDB.com), que es la base de datos con información de cine más grande en la Web, el American Film Institute (AFI), la lista preparada por la revista Time, la selección de las mejores películas según la editorial alemana Taschen, otros listados europeos y distintas fuentes de cada país mencionado en este libro. Al final encontrará la bibliografía con las fuentes consultadas .

A pesar del esfuerzo por realizar una lista objetiva, la selección final indudablemente contiene elementos subjetivos que responden al gusto del autor. Cualquier pretensión de listar obras artísticas no es más que un terrible acto de subjetivismo.

Si bien el poder económico de Hollywood hace que sus películas sean las más conocidas en casi todo el mundo, también se han incluido muchos otros filmes clásicos de países distintos a los Estados Unidos. Por eso es probable que usted nunca antes haya oído hablar de algunos de esos filmes. Y aunque pudiera resultar difícil encontrarlos en nuestro idioma, igualmente se mencionan en este libro porque reúnen los méritos suficientes para ello. De todos modos, es importante señalar que todas las películas mencionadas se consiguen, pues yo tuve que obtenerlas para evaluarlas y hacer la selección.

Entonces entremos en materia y no ahondemos en más explicaciones.

2. ANTES DEL CINE

Aunque el principio de la persistencia de la visión humana se conocía desde hace muchos años[1], hubo que esperar hasta finales del siglo XIX para aprovecharlo y desarrollar el cine como lo conocemos, gracias a experimentos y esfuerzos de muchos investigadores y artistas de diferentes países del mundo.

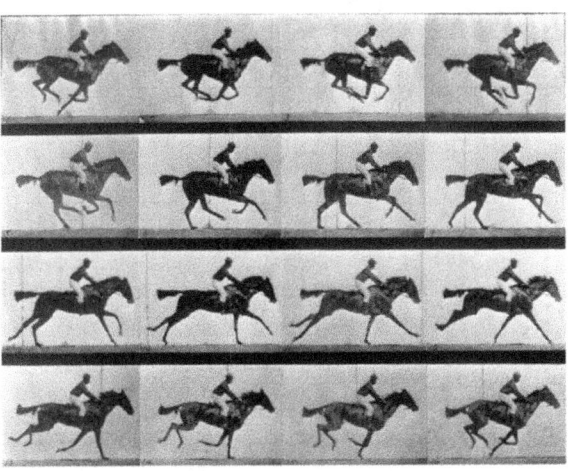

Secuencia de 16 fotografías del caballo trotando

Entre los experimentos más famosos están los realizados por

---

[1] Hay referencias de que en el antiguo Egipto había nociones del principio de la persistencia de la visión humana. Luego Claudio Ptolomeo en 150 a.C., plantea la teoría de unir imágenes estáticas para crear la ilusión de movimiento.

Eadweard Muybridge entre 1872 y 1878, para demostrar que había un momento en que los caballos de carreras tenían sus cuatro patas en el aire. (Ver figura en la página anterior). Muybridge quería tomar una serie de instantáneas del caballo en acción y para ello fue perfeccionando los equipos y la técnica utilizada; así mejoró la velocidad del obturador, utilizó un cordel para dispararlo, empleó pantallas blancas (sábanas) para que las patas del animal no se confundieran con los objetos que estaban detrás, etc., hasta que logró demostrarlo. Ver escena del caballo en movimiento en: *librospeliculas.blogspot.com/2012/12/el-caballo-de-muybridge.html*

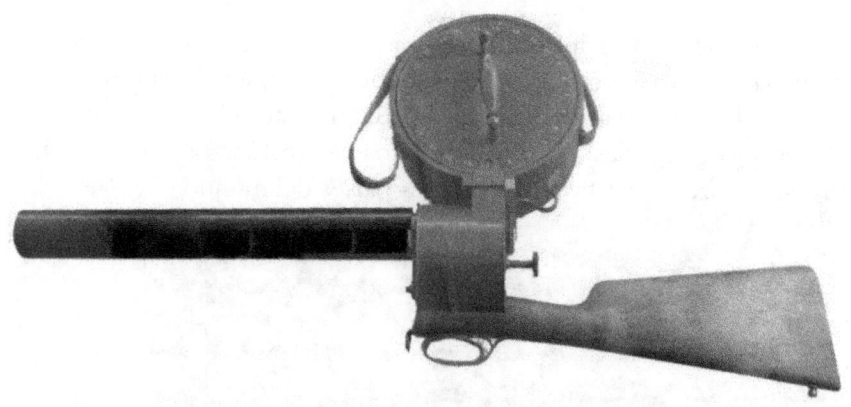

Escopeta fotográfica de Étienne-Jules Marey

Otro de los pioneros del cine es el francés Étienne-Jules Marey, que inspirado en los resultados obtenidos por Muybridge perfeccionó un artefacto, en 1882, que era una especie de escopeta fotográfica capaz de tomar hasta doce placas en rápida sucesión sobre un disco. Esta podría considerarse la primera cámara de cine portátil. En 1888, Marey comenzó a utilizar la impresión sobre un papel fotosensible desarrollado por el norteamericano George Eatsman (quien luego fundaría la compañía Kodak) en lugar de las placas de vidrio, consiguiendo así grabar hasta cuarenta imágenes en una sola ráfaga con una cámara.

En 1891, el norteamericano Thomas Alva Edison patentó el kinetoscopio, una máquina de cine diseñada conjuntamente con su ayudante William K. L. Dickson. Este artefacto tenía unos 15 metros de película en un bucle sin fin. No permitía su proyección en pantalla, el espectador (individualmente) tenía que mirar a través de un lente de aumento. La película en constante movimiento, pasaba frente a una lámpara eléctrica y proporcionaba unas 40 imágenes por segundo. Fue el precursor del moderno proyector cinematográfico.

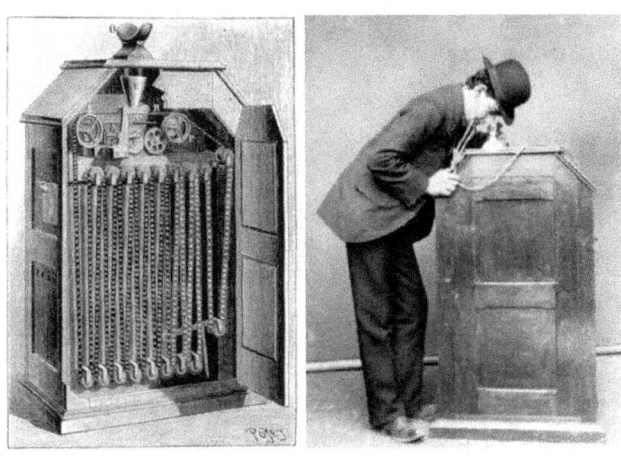

El kinetoscopio de Thomas Alva Edison

Pero son los hermanos franceses Louis y Auguste Lumière universalmente reconocidos como los creadores del cine comercial, ya que desarrollaron un artefacto que incluía la cámara y el proyector en un solo dispositivo al que llamaron cinematógrafo, basado en el efecto de la persistencia retiniana y fueron los primeros que realizaron una proyección en una sala y vendieron boletos para entrar a ver la película.

Realmente cuando los Lumière trabajaban en su diseño, la mayoría de los problemas técnicos que presentaba la filmación y la exhibición de películas ya estaban resueltos. Ellos orientaron su diseño hacia la proyección de películas en grandes espacios y ese fue el primer paso para la creación de las salas de cine. Los Lumière fueron quienes realizaron la primera proyección comercial de la historia, que incluyó la impresión de un afiche publicitario y la venta de entradas para ver la proyección de las películas.

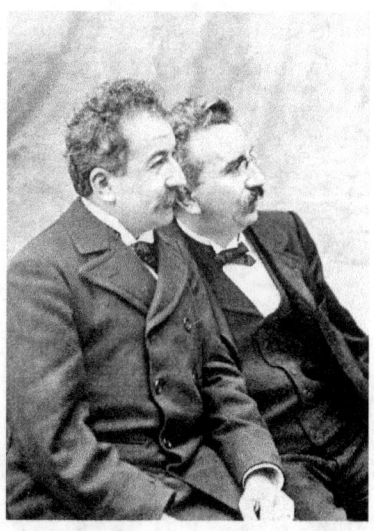

Auguste (izquierda) y Louis Lumière (derecha)

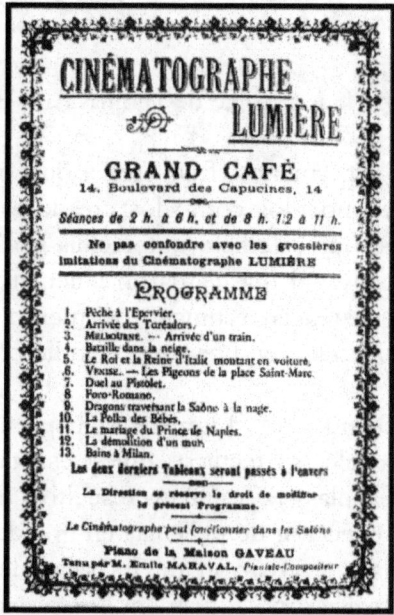

Uno de los primeros carteles de películas

Veamos entonces cuáles fueron esas películas proyectadas por los Lumière en París, el 28 de diciembre de 1895.

3. LAS PELÍCULAS DE LOS HERMANOS LUMIÈRE

LA SALIDA DE LOS OBREROS DE LA FÁBRICA
Francia, 1895

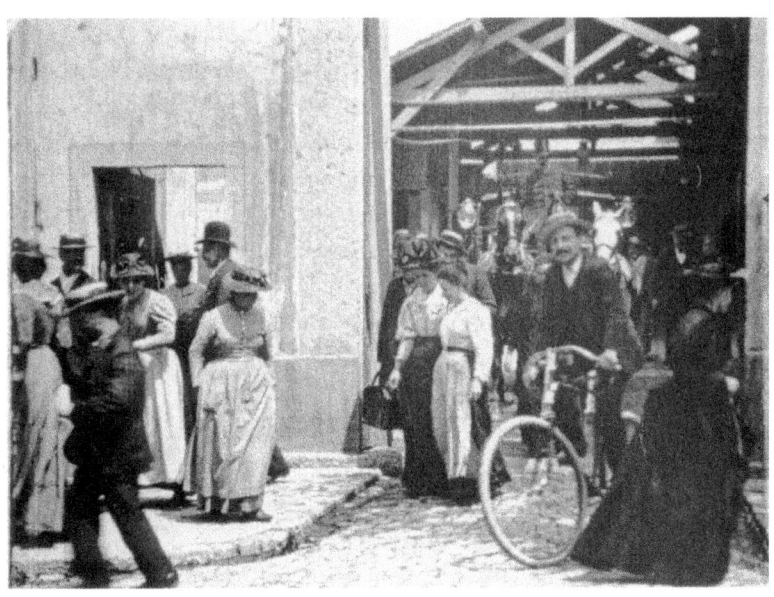

Título original: *La sortie des usines Lumière*
Duración: 49 segundos
Dirección: Louis Lumière
Otros: Cine mudo, B/N (blanco y negro)

París, 1895: los hermanos Louis y Auguste Lumière dirigen un taller fotográfico y han patentado una serie de procesos relacionados con las imágenes en movimiento. Por ejemplo, agujerear una cinta de película para permitir su desplazamiento en la cámara. También crearon un aparato al que llamaron cinematógrafo, el cual servía como cámara y como proyector. Ellos consideraban su invento "una curiosidad tecnológica" sin mucho futuro ni aplicación práctica, sin embargo lo presentaron en privado a sociedades científicas y universidades.

Luego decidieron mostrarlo al público y obtener algún beneficio comercial. Realizaron la primera proyección el 28 de diciembre de ese año en el *Salón Indien* del *Grand Café*, en el *Boulevard des Capucines* en París, una sala pequeña porque esperaban poco público.

Esa noche proyectaron diez cortos de escasamente un minuto cada uno, comenzando por *La salida de los obreros de la fábrica*. El argumento está descrito perfectamente en el título del filme; consiste en una toma de 49 segundos en la que los trabajadores salen de la fábrica de los Lumière en Lyon (Francia). Realmente la cinta carecería de interés (excepto para los estudiosos de la moda de finales del siglo XIX) si no fuera porque el público pagó por primera vez el costo de la entrada para ver la proyección; razón por la cual este hecho es considerado como el inicio del cine comercial y, por consiguiente, el film en cuestión es uno de los más importantes en la historia del cine.

Solo asistieron 35 personas al estreno, aunque al día siguiente se corrió la voz de aquel maravilloso espectáculo y las siguientes proyecciones tuvieron una asistencia masiva.

El cartel publicitario explicaba en qué consistía el espectáculo ya que nadie conocía lo que era el cinematógrafo. El texto decía: *"Este aparato, inventado por los Sres. Auguste y Louis Lumière, permite recoger, en una serie de tomas instantáneas, todos los movimientos que durante cierto tiempo suceden ante el objetivo, y reproducir a continuación estos movimientos proyectando a tamaño natural sus imágenes sobre una pantalla y ante una sala entera"*. (Ver el afiche al final del capítulo anterior).

George Méliès, el futuro gran director de cine, que para esa época era un ilusionista y buscaba nuevas atracciones para su espectáculo, asistió a la primera proyección y mencionó en su diario que aunque al principio el ambiente era de gran escepticismo, cuando los espectadores vieron a las personas y los carruajes moviéndose por las calles de Lyon, quedaron estupefactos.

Estas son palabras textuales de Méliès tomadas de su diario: *"…en frente de una pequeña pantalla, similar a las que se usan en proyecciones, después de unos minutos apareció sobre ella una fotografía de la Plaza Bellecour en Lyon. Un poco sorprendido, me volteé y le dije a mi vecino: '¿nos trajeron acá para ver proyecciones?, yo he hecho eso desde hace diez años'; pero apenas dije la última palabra, un caballo jalando una carreta comenzó a caminar hacia nosotros seguido por otros vehículos y después por un transeúnte. Pronto, por todo el rebusque y el ruido de una calle. Nos sentamos ahí, con nuestras bocas abiertas, sin hablar, llenos de asombro".*

Técnicamente es difícil decir que *La salida de los obreros de la fábrica* se trata realmente de una "película" bajo el concepto que hoy tenemos del cine: tiene una duración menor a un minuto, la cámara permanece inmóvil durante todo el rodaje, no cuenta con verdaderos actores, ya que los personajes de la cinta son los trabajadores que salen del taller de los Lumière, y ni siquiera sabían que estaban siendo filmados, carece de argumento, de escenografía y de vestuario. Pero indudablemente fue la primera proyección comercial de la historia y de allí su importancia.

Esa noche también se proyectaron otros cortos como *La llegada del tren a la estación*, el cual causó pánico entre los espectadores. Muchos de ellos se levantaron nerviosos de sus sillas al ver aquel tren que se acercaba en tamaño natural y amenazaba con salirse de la pantalla.

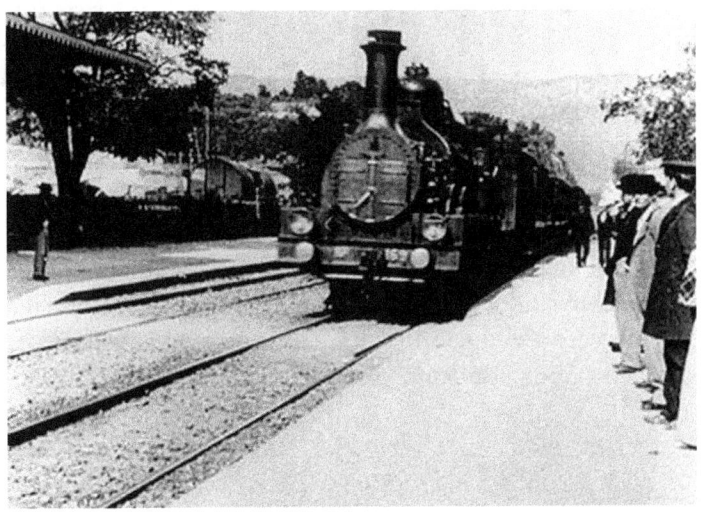

La llegada del tren a la estación

Una de las proyecciones posteriores fue *El regador regado*, la primera comedia en la historia del cine. En esta mientras un hombre está regando unas plantas con una manguera, otro llega sigiloso por detrás y, sin que el primero lo note, coloca el pie en la manguera obstruyendo el paso del agua. Cuando el regador examina el extremo de la manguera, el otro retira el pie y el agua moja la cara del regador. Este alcanza al personaje de la broma y le da un baño con la manguera. La infantil historia de este corto provocó una gran hilaridad en el público, algunos hasta lloraron de la risa. Observe que en esta cinta, aunque también dura menos de un minuto y la cámara no se mueve, sí hay actores, argumento, vestuario y un guión.

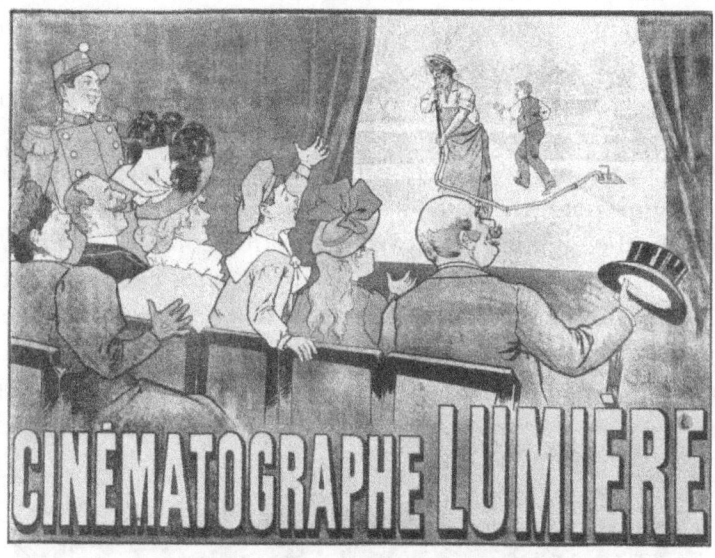

Afiche publicitario de las proyecciones de los hermanos Lumière. La escena de fondo es de *El regador regado*

Sin tener una idea clara del enorme impacto que tendría su invento en el mundo, con estas sencillas películas los hermanos Lumière marcaron el inicio de una de las más grandes industrias del entretenimiento, hoy conocida como el "séptimo arte".

Nota: Puede ver las películas completas mencionadas en este capítulo en: http://librospeliculas.blogspot.com/2008/04/los-inicios-del-cine.html

4. VIAJE A LA LUNA
Francia, 1902

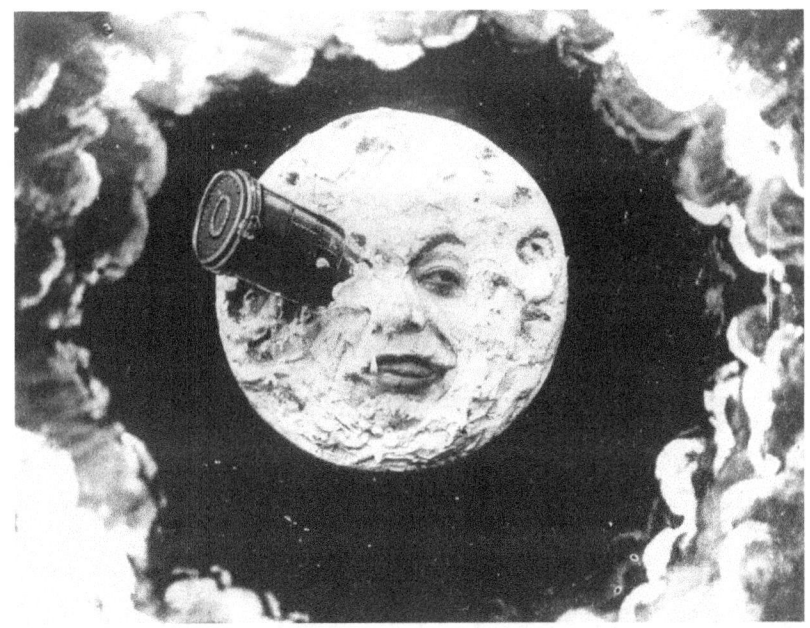

Título original: *Le voyage dans la lune*
Duración: 14 minutos (a 16 cuadros por segundo)
Dirección: Georges Méliès
Guión: Basado en las novelas *De la Tierra a la Luna* de Julio Verne y *Los primeros hombres en la luna* de H. G. Wells
Género: Aventura, fantasía, ciencia ficción
Otros: Cine mudo, B/N

Luego del impacto inicial de las primeras proyecciones de los hermanos Lumière a finales de 1895 y el auge de los primeros años, el cine fue perdiendo interés llegando al punto de convertirse en una especie de espectáculo de feria. Se proyectaban las breves películas, usualmente de unos pocos minutos de duración, como un complemento o relleno de algún espectáculo musical o de cualquier otro tipo.

La concepción documental de las películas de la época que se limitaban a mostrar imágenes del mundo real, fue totalmente transformada por Méliès en sus filmes y especialmente con *Viaje a la Luna* porque narraba una historia imaginaria en un género que posteriormente se conocería como "ciencia ficción". Por vez primera se incluían efectos especiales y la duración de la cinta se extendió a 14 minutos.

George Méliès solía presentar espectáculos de magia con proyecciones de fotografías; había asistido a la primera exhibición de los hermanos Lumière en París y quedó fascinado por lo que vio. De hecho, quería adquirir un cinematógrafo, pero los Lumière se negaron a vendérselo. Un año después, Méliès le compró en Inglaterra a Robert William Paul un aparato similar llamado biscopio , al que le hizo algunas modificaciones y comenzó a filmar numerosos cortos siguiendo el estilo de los Lumière; es decir, manteniendo el tono documental y filmando lo que ocurría en el mundo real sin alterar la escena.

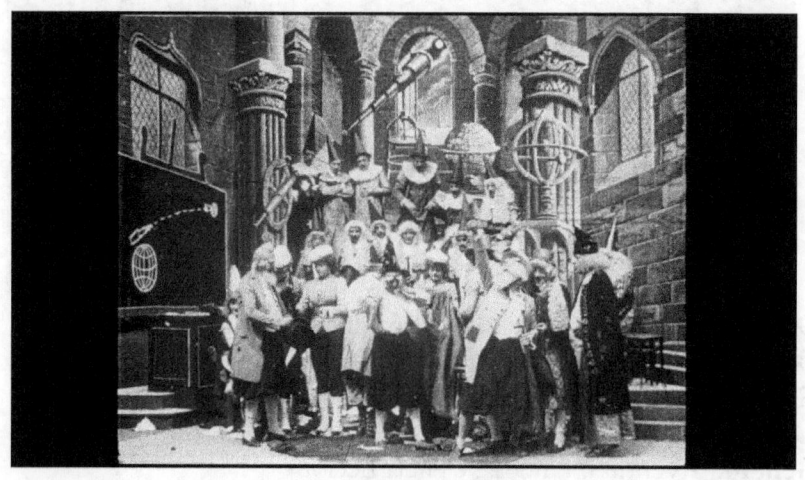

Los astrónomos se reúnen para discutir el proyecto

Fue un error que ocurrió en medio de una filmación lo que hizo que Méliès explorara la posibilidad de filmar historias imaginarias. La cámara que utilizaba era un rudimentario equipo que se detenía con frecuencia en medio del rodaje. Un día estaba filmando en la Plaza de la Ópera en París y la cámara se detuvo. En algo menos de un minuto pudo hacerla funcionar y ni siquiera tuvo que moverla, por lo que continuó la filmación desde el mismo lugar. Pero durante ese escaso minuto, la gente y los autos por supuesto que se habían movido. Al proyectar la película descubrió que algunos hombres se habían convertido en mujeres y un autobús en coche fúnebre. Sin intención, había descubierto el truco de la sustitución. A partir de ese momento, Méliès comienza a explorar las múltiples posibilidades de los efectos especiales y consigue resultados espectaculares.

Muchos de estos efectos los utilizó en su filme *Viaje a la Luna*, donde constantemente desaparecen y aparecen objetos como, por ejemplo, los telescopios que tienen los astrónomos son remplazados mágicamente por taburetes, la nave en la superficie de la luna simplemente desaparece, y los selenitas explotan.

En esta película, Méliès desempeñó, como era usual, múltiples roles: escribió el guión, actuó como protagonista, diseñó la escenografía y el vestuario, y además fue director y productor. El guión está inspirado muy libremente en las novelas *De la Tierra a la Luna,* de Julio Verne, y *Los primeros hombres en la Luna,* de H. G. Wells.

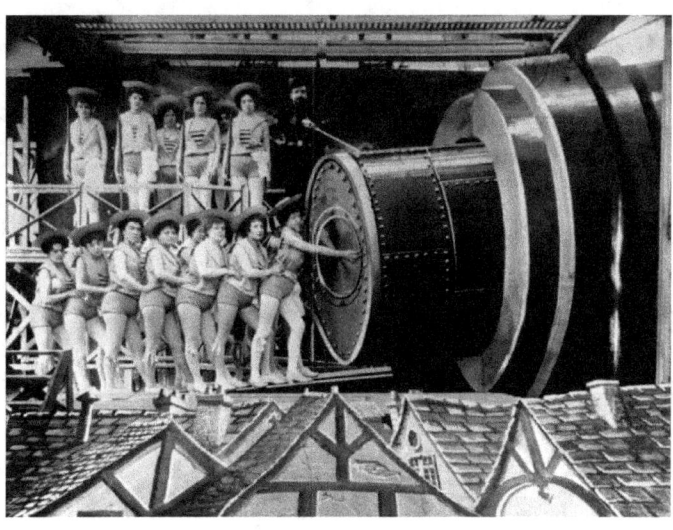

Las chicas colocan el cohete en el cañón para el lanzamiento

Para realizar la película, contrató algunos acróbatas del *Folies Bergère* que actuaron como los ágiles habitantes de la Luna y también bailarinas del Teatro del Châtelet que fueron las auxiliares en el congreso de astronomía y las chicas ligeras de ropas, que empujaron la nave espacial dentro del cañón.

La historia comienza en un congreso de astronomía, donde los científicos llegan y reciben sus telescopios de manos de las auxiliares. Enseguida se presenta Barbenfouillis (George Méliès), un profesor de barba blanca con un sombrero puntiagudo, que es el presidente de la sociedad. Les invita a sentarse (en ese momento, utilizando la técnica de sustitución, los telescopios se convierten en taburetes donde se sientan los científicos) y comienza a explicarles su plan del viaje a la Luna. En un pizarrón dibuja un esquema en el que muestra la Tierra, la Luna y la trayectoria de la nave lanzada desde un cañón.

El esquema es aprobado por todos los astrónomos, excepto por uno que se opone y recibe un violento rechazo del grupo y del mismo presidente, quien incluso le lanza libros y documentos obligándolo a retirarse.

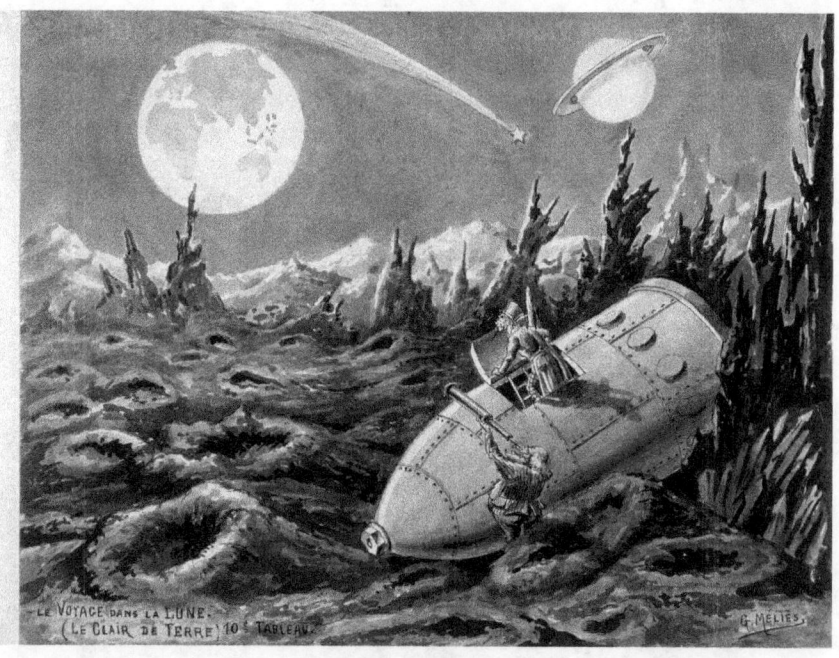

El cohete aluniza

Finalmente cinco hombres son seleccionados para acompañar a Barbenfouillis en el viaje espacial. Las auxiliares les traen los trajes que usarán y se los ponen de inmediato. Luego aparece una escena en la que los astrónomos visitan el taller donde están construyendo la nave.

Para el día del lanzamiento, se preparó una pomposa ceremonia . El cohete está listo para recibir a los ocupantes, quienes son aclamados mientras entran en la nave. Una chica ligera de ropas cierra la puerta del cohete y, en compañía de otras igualmente ataviadas, lo empujan hasta colocarlo dentro del enorme cañón que lo lanzará al espacio.

A la señal prevista, el cañón es encendido y el cohete lanzado al espacio. Vemos cómo la Luna se va acercando hasta que la nave aterriza precisamente en el ojo izquierdo de la señora Luna. Esta memorable imagen es ampliamente conocida en todo el mundo.

Los astronautas bajan de la nave y observan entusiasmados la superficie lunar, la Tierra a la distancia y otros astros. Cansados por el viaje, se acuestan a dormir y sueñan con estrellas que tienen caras de mujeres. Una nevada les obliga a bajar a una caverna para protegerse del frío. Llegan a una misteriosa gruta donde nacen enormes hongos; uno de los científicos abre su paraguas para compararlo con el tamaño de los hongos. Enseguida este echa raíces y se convierte en un hongo que crece hasta alcanzar un tamaño enorme.

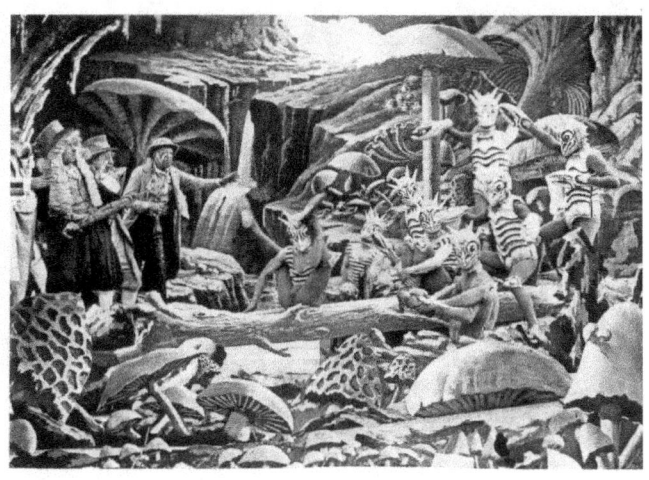

Explorando una caverna en la Luna

De repente aparece un selenita y uno de los astrónomos se defiende utilizando el paraguas. Al golpear al selenita, este explota en pedacitos. Aparece un segundo selenita que corre la misma suerte del primero, pero luego llegan numerosos selenitas que atrapan a los astrónomos y los llevan al palacio del rey. Allí, Barbenfouillis agarra al rey selenita y lo lanza contra el piso provocando que explote. Todos los astronautas huyen hasta la nave y logran regresar a la Tierra, amarizan en el océano y luego son transportados a tierra firme donde son recibidos como héroes en medio de una gran ovación.

Méliès esperaba recuperar parte de la inversión al comercializar la cinta en los EE.UU., pero uno de los técnicos de Thomas A. Edison sacó copias ilegales de la película y a las pocas semanas se estaba exhibiendo por todo el país sin que el autor recibiera pago alguno. Méliès era más un artista que hombre de negocios y años después terminó en la ruina. Recientemente se exhibió una cinta que rinde un merecido homenaje a este hombre: *La invención de Hugo* (2012).

Viaje a la Luna tiene una importancia transcendental en la historia del cine mundial y es uno de los filmes que "hay que ver".

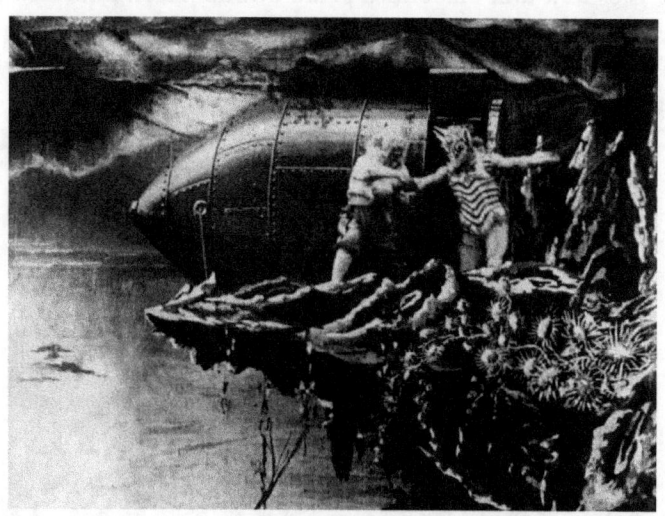

Escape de la Luna

Nota: Puede ver las películas completas mencionadas en este capítulo en: *http://librospeliculas.blogspot.com/2008/04/los-inicios-del-cine.html*

5. ASALTO Y ROBO AL TREN
EE.UU., 1903

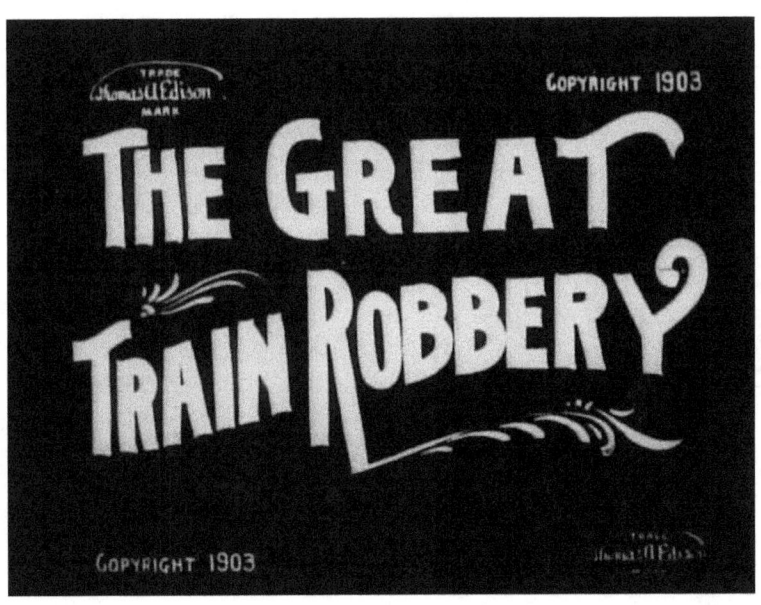

Título original: *The Great Train Robbery*
Duración: 12 minutos
Dirección: Edwin S. Porter
Guión: Edwin S. Porter y Scott Marble
Género: Western
Otros: Cine mudo, B/N
Reparto: Gilbert M. Anderson, A. C. Abadie y George Barnes

Esta película creó el género cinematográfico conocido como *Western*; dicho en otras palabras, filmes que se ambientan en el viejo oeste estadounidense, también llamados de vaqueros o del oeste. En tan solo una docena de planos y casi doce minutos de duración, plantea una historia completa desarrollada con una narrativa nueva para el espectador de la época, que logra crear una gran tensión dramática.

Con algunas excepciones como George Méliès, hasta ese momento el cine mostraba cierta inclinación hacia la repetición. Las mismas tomas e incidentes se repetían incansablemente con diferentes escenarios y actores, por ejemplo: la escena de un tren llegando a una estación diferente. Porter cambió las cosas para siempre, fue la primera vez que se estructuró un filme en varias escenas y planos para dar un sentido narrativo a la historia.

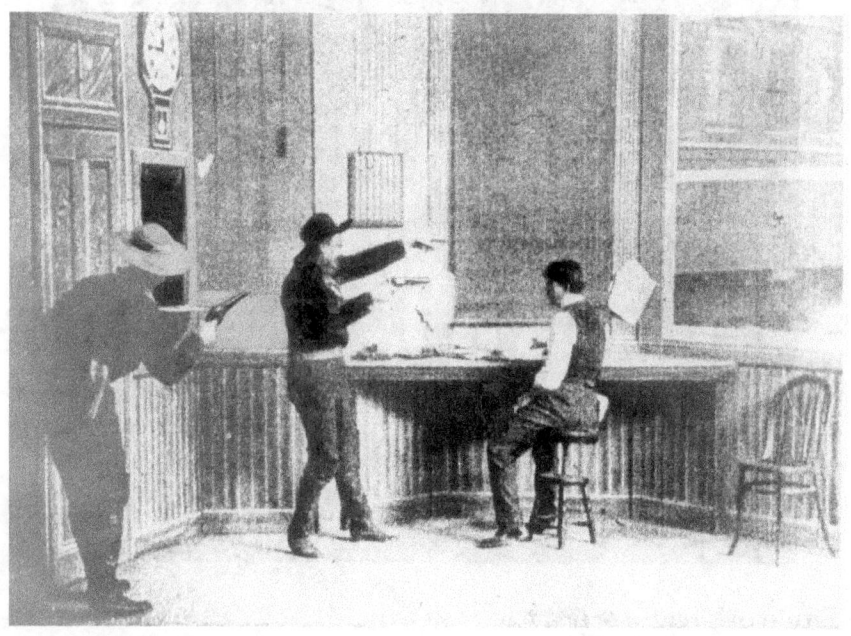

Los ladrones asaltan la oficina del tren y someten al funcionario

La película cuenta el asalto a un tren por unos bandidos y está inspirada en un hecho real ocurrido en 1900 cuando una banda de forajidos, liderada por un cabecilla agresivo y sanguinario, asalta un tren de pasajeros a punta de pistola del que se llevan un importante botín. En el robo resultan muertas tres personas que viajaban en el tren. La historia se puede dividir en tres actos: el asalto, la huida, y la persecución y captura.

Intervienen ocho actores y más de cien extras. En su brevedad, el filme incluye todas las características del género *western*, desde la falta de piedad de los bandidos con sus víctimas hasta el cumplimiento del deber por parte del sheriff. La obra incorpora muchos de los elementos icónicos que pasarían a formar parte del *western*, tales como los caballos, el salón, el sheriff, las armas en la cintura, el pañuelo anudado al cuello en triángulo para tapar el rostro en el momento justo, sombreros vaqueros, botas, etc.

La película consolida la puesta en escena de Méliès y Edison, más cercanas al teatro que al cine, el montaje narrativo de los ingleses y la estructura del relato de Zecca. Rápidamente se convirtió en un éxito y produjo una avalancha de imitaciones.

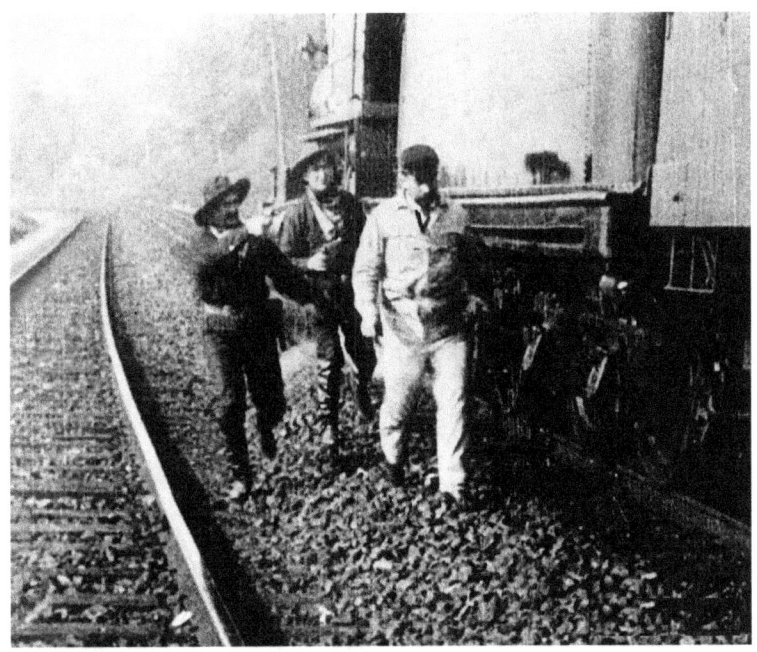

Asalto al tren

Hay que destacar los efectos visuales que causaron furor como, por ejemplo, el lanzamiento de un hombre desde el techo del vagón del tren, lo que provocó gritos entre los espectadores que nunca habían visto algo igual. También impresionó la imagen del pistolero disparando a la cámara[2]. Esta escena se podía proyectar al principio o al final del filme, según prefiriera el dueño de la sala donde se exhibía la película, pues realmente no era parte de la historia.

El gran robo al tren es una pieza de museo de sumo interés para cinéfilos y curiosos, ya que sentó las bases de lo que hoy es el cine.

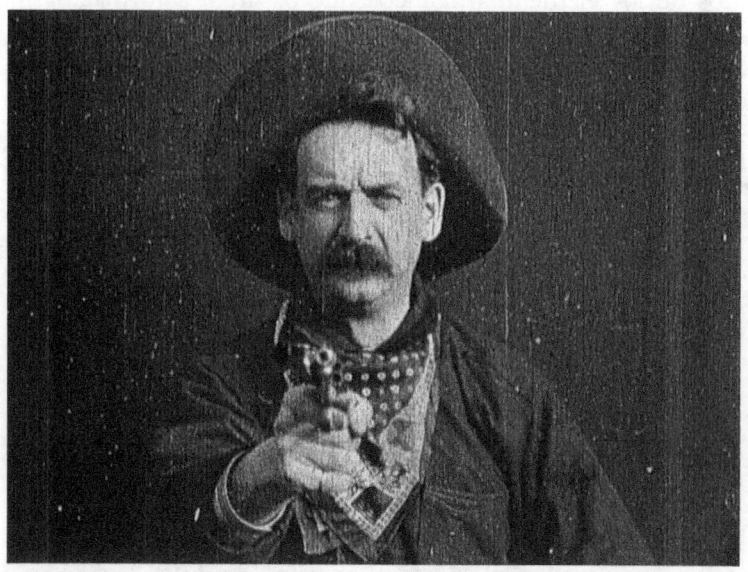

La escena final (o la primera, dependiendo del proyeccionista)

---

6. EL NACIMIENTO DE UNA NACIÓN
EE.UU., 1915

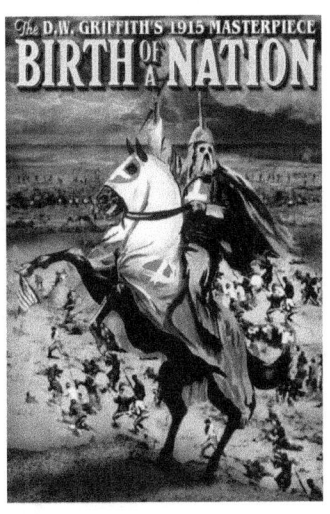

Título original: *The Birth of a Nation*
Duración: 3 horas, 10 minutos
Dirección: D. W. Griffith
Guión: Thomas F. Dixon Jr.
Género: Drama, historia, romántico
Otros: Cine mudo, B/N
Reparto: Lillian Gish (Elsie Stoneman), Mae Marsh (Flora Cameron), Henry B. Walthall (Ben Cameron), Miriam Cooper (Margaret Cameron), Ralph Lewis (Austin Stoneman), George Siegmann (Silas Lynch), Walter Long (Gus)

En 1915 una película cambiaría la concepción que se tenía del cine. David Griffith logró integrar y sistematizar todos los recursos narrativos que se habían desarrollado hasta ese momento. *El nacimiento de una nación* presenta una narración convencional (lo usual era mostrar una colección de escenas con poca relación entre sí) mediante dos historias paralelas que van a coincidir al final, y el uso de primeros planos (la cámara muy cerca del sujeto) o planos generales (la cámara abarca una gran área), lo que convirtió a este filme en uno de los grandes hitos de la historia del cine.

Asimismo es una de las cintas más racistas que existe, a diferencia de los filmes actuales donde el racismo es "invisible". Incluso los personajes de negros de la película fueron interpretados por actores blancos maquillados .

La historia se sitúa en la segunda mitad del siglo XIX. Se narran los hechos antes, durante y después de la guerra civil estadounidense a través de dos familias: una del Norte y otra del Sur; y se muestran acontecimientos históricos como el asesinato de Abraham Lincoln y el nacimiento del Ku Klux Klan.

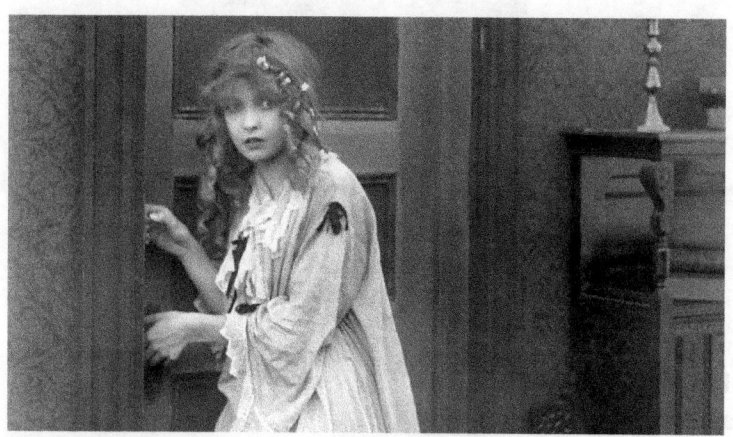

Elsie Stoneman

La película comienza explicando los inicios de la esclavitud en los Estados Unidos y cómo la traída de los negros a la Unión conllevó a la desunión. Justo antes de la guerra civil se presentan dos familias: por un lado los Stoneman del norte y, por el otro, los Cameron del sur. La historia es contada a través de estas dos familias y sobre todo desde el punto de vista de los perdedores, los Cameron.

Los hermanos Stoneman visitan a sus amigos Cameron en su residencia en Carolina del Sur. Los jóvenes Stoneman se enamoran de las muchachas Cameron. La guerra civil afectará esta amistad, ya que ambas familias quedan en bandos contrarios. La guerra termina y al morir Abraham Lincoln, quien es asesinado en el Teatro Ford (esta es una de las escenas de la película que no debe dejar de ver en librospeliculas.blogspot.com) y representaba un freno a los intentos de los vencedores de aprovecharse de los vencidos del Sur, Austin Stoneman y otros congresistas radicales pudieron "castigar" a los vencidos por las consecuencias de la desastrosa guerra padecida.

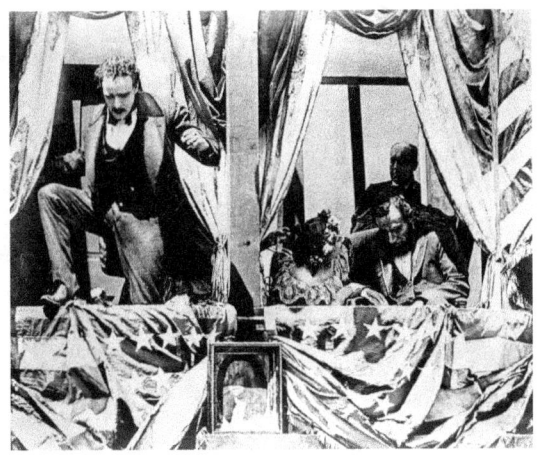

A la derecha se observa al presidente Lincoln luego de recibir el disparo; y a la izquierda, el asesino intenta huir saltando del balcón

Los abusos de los negros hacia los blancos continúan y el Pequeño Coronel inspirado al ver unos niños jugando que se ocultaban bajo una sábana blanca, se le ocurre crear un grupo de justicieros que ocultarían su identidad bajo un disfraz blanco y aplicarían justicia por sí mismos a los negros que delinquían y eran protegidos por las instituciones que estaban en sus manos. De esta manera nació el Ku Klux Klan (KKK)[i].

Esta es una de las pocas películas en que el KKK es mostrado como heroico y salvador de la patria, mientras que los negros son mostrados como esclavos o criminales estúpidos obsesionados por el robo, la violación y el asesinato. Un día, un ex esclavo llamado Gus se encuentra con Flora, quien estaba paseando por el bosque, y le propone matrimonio. Los principios de igualdad social inspiraban a los ex esclavos a asumir este tipo de conducta. Flora huye pero el negro la persigue con intenciones de violarla, y finalmente la chica muere al lanzarse de un precipicio para impedir que el negro lograra su propósito. Como represalia, el KKK lincha al negro y deja su cuerpo en la puerta de la residencia del gobernador Silas Lynch. Este ordena a sus milicias destruir el KKK. Los Cameron huyen y logran esconderse en una cabaña en la que son acosados por las milicias negras de Lynch. En el último momento son auxiliados por los otros miembros del KKK y los negros huyen.

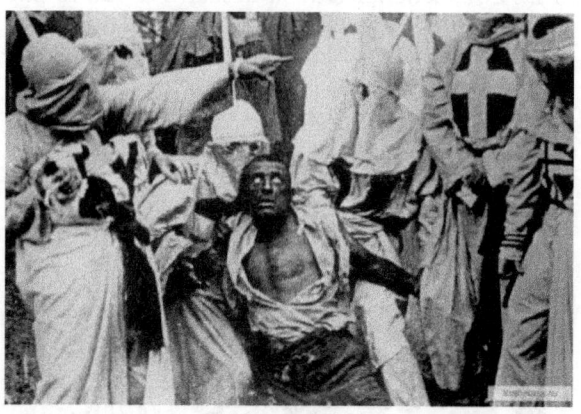

El Ku Klux Klan atrapa a un negro sospechoso de cometer un delito contra una mujer blanca

Aun para los estándares actuales, los recursos que se utilizaron para la realización de la película son impresionantes: 5000 escenas diferentes, 18.000 actores y extras, 3.000 caballos. La cinta costó unos 100 mil dólares, monto equivalente a unos 2 millones de dólares de hoy en día. Las primeras proyecciones del filme generaron muchas protestas en las calles por parte de la población afroamericana, las cuales ocasionaron heridos e incluso muertos.

Quizás un elemento que no beneficia a la película es su duración. Estamos por más de tres horas ante imágenes sin sonido, en blanco y negro con muy baja definición y, además, aparecen numerosos rótulos para ayudar a comprender la historia; todo esto puede hacerla por momentos tediosa.

A pesar de estos detalles, *El nacimiento de una nación* es una cinta mítica, un espectáculo visual y narrativo muy conmovedor que marcó la pauta de las películas posteriores.

7. EL GABINETE DEL DR. CALIGARI
Alemania, 1920

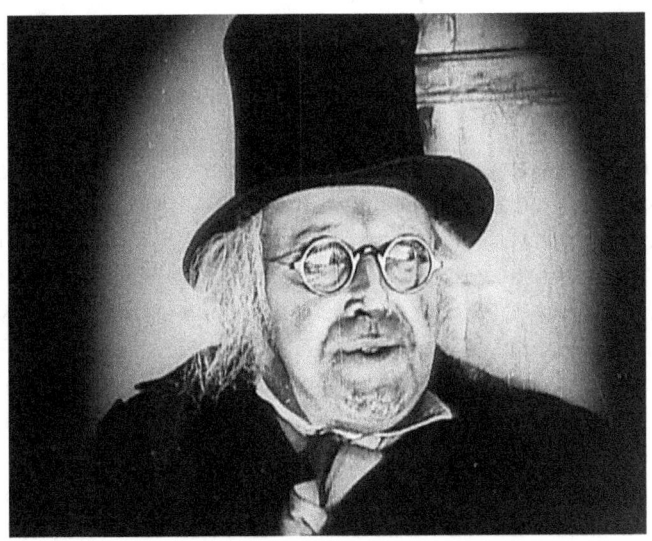

Título original: *Das Kabinett des Doktor Caligari*
Duración: 1 hora, 11 minutos
Dirección: Robert Wiene
Guión: H. Janowitz y Carl Mayer
Género: Horror
Otros: Cine mudo, B/N
Reparto: Werner Krauss (Dr. Caligari), Conrad Veidt (Cesare), Friedrich Feher (Francis), Lil Dagover (Jane), Hans Heinrich von Twardowski (Alan)

Con esta película vanguardista se inicia lo que se conoce como el expresionismo alemán[ii] en el cine, un movimiento artístico al que también pertenecen filmes como *El Golem* (Carl Boeses y Paul Wegener, 1920), *Nosferatu* (F. W. Murnau, 1922), y *Metrópolis* (Fritz Lang, 1927).

Para comprender el expresionismo alemán es conveniente revisar el contexto político-social en que se desarrolla. La Primera Guerra Mundial ha destruido a Europa, y Alemania es uno de los países más afectados. El cine que se proyectaba en la nación era en su mayoría extranjero y sobre todo estadounidense. En 1917 se crea la UFA (Universal Film AG), que fue el estudio cinematográfico más importante de Alemania y cuyo objetivo era impulsar la producción nacional.

Por otra parte, desde principios del siglo XX había comenzado a tomar fuerza un movimiento artístico que llegó a adquirir gran importancia, era contrario a las manifestaciones artísticas del momento que mayormente eran un reflejo de la realidad. Este movimiento se conoce como "expresionismo" y pretendía mostrar una realidad distorsionada. El expresionismo comenzó por el arte pictórico, luego alcanzó a la literatura y posteriormente llegó al cine con *El gabinete del Dr. Caligari*, producida en los estudios de la UFA.

En cierta forma, el principal atractivo de la cinta reside en su anormalidad escenográfica, con paredes, sillas, escaleras y ventanas oblicuas o de extrañas formas. Pero la historia que narra la película es también una distorsión de la realidad. Como era usual en las películas mudas, los actores están exageradamente maquillados y sus gesticulaciones resultan un tanto excesivas.

El guionista H. Janowitz se inspiró en un suceso que presenció durante un carnaval. Vio a un extraño merodeando en la oscuridad y esa noche una chica fue brutalmente asesinada. Al día siguiente, asistió al funeral y de nuevo vio al mismo extraño. Janowitz no tenía pruebas de que el extraño hubiese sido el asesino, pero el incidente le dio la idea para el guión.

El filme narra los crímenes que cometía el sonámbulo Cesare bajo las órdenes del doctor Caligari a través de la hipnosis. Francis invitó a su amigo Alan a la feria y allí decidieron entrar en el espectáculo del Dr. Caligari: se trataba de un sonámbulo llamado *Cesare* que tenía 23 años dormido y que supuestamente predecía el futuro. Alan le pregunta a Cesare cuánto tiempo vivirá y este le responde que esa noche morirá.

La profecía se cumple. Alan es asesinado al amanecer y Cesare se convierte en el principal sospechoso. Francis y la novia de Alan inician por su cuenta una investigación, y descubren que el causante de los crímenes es el propio sonámbulo manipulado por el Dr. Caligari.

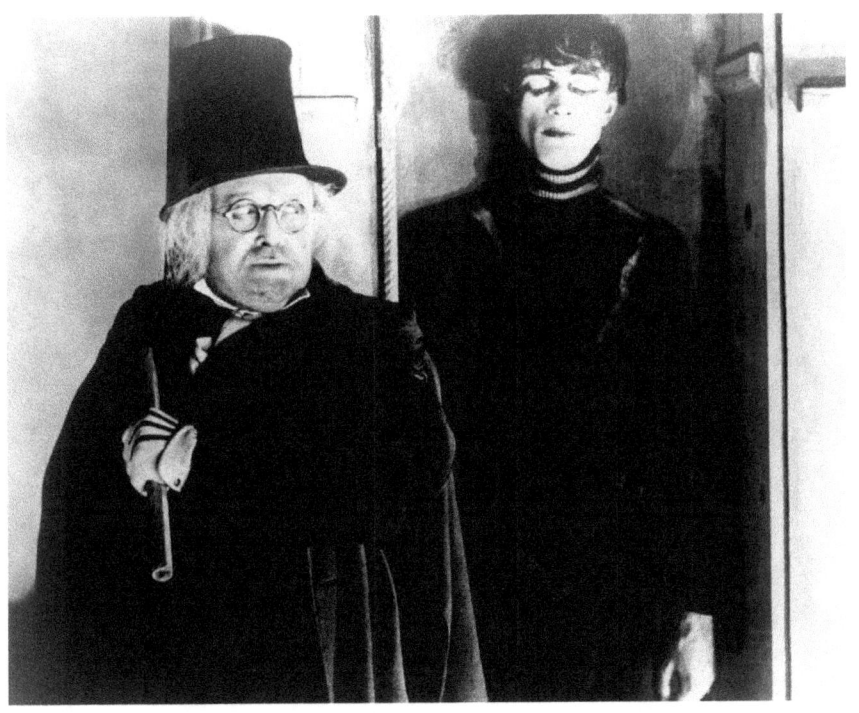

El Dr. Caligari en pleno espectáculo despertando Cesare

Pero lo que parece ser una simple historia de terror, toma otro cariz y así como el Dr. Caligari manipula al sonámbulo, el narrador manipula al espectador contándole una historia inventada en la que forman parte todas las personas que le rodean dentro de un psiquiátrico. El Dr. Caligari es el encargado del manicomio y Cesare es un loco absorto por una rosa.

El montaje experimentó ciertas innovaciones. En algunos cambios de secuencia se emplearon unos fundidos muy originales. En otros planos, se oscurece gran parte del fotograma para crear encuadres más pequeños y resaltar determinadas acciones.

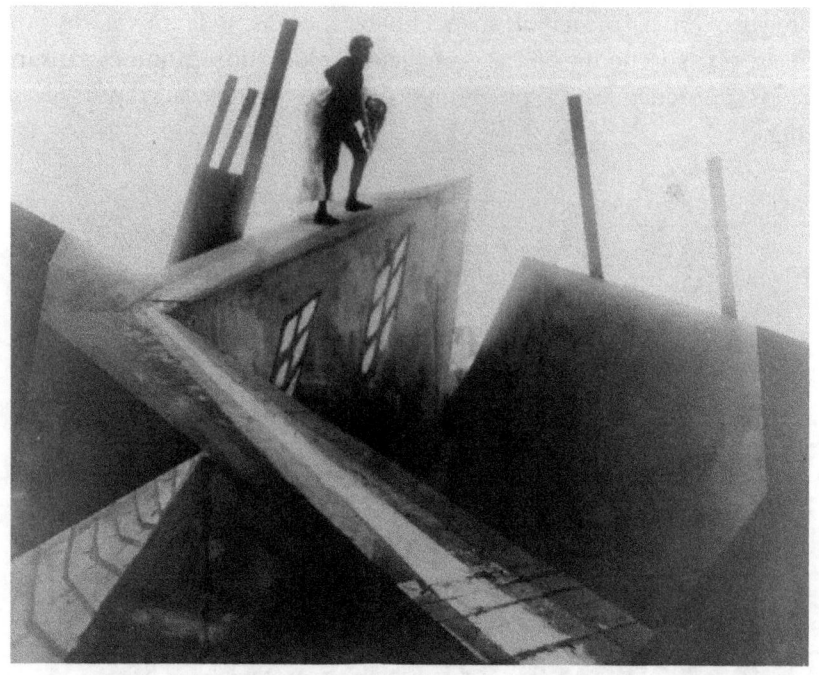

Cesare rapta a la novia de Alan

Las versiones que se consiguen en español tienen el defecto de que sustituyeron los títulos originales en alemán (que tenían un diseño extraordinario) por títulos muy sencillos en idioma español realizados por computador. Quizá debieron dejar los títulos en alemán y colocar la traducción en la parte inferior de la pantalla. Otro aspecto que desdice es el fondo musical añadido posteriormente, que en ocasiones no concuerda con la escena, pero esto se puede subsanar apagando el sonido.

A pesar de estos dos últimos comentarios que no tienen nada que ver con Robert Wiene ni con la productora, *El gabinete del Dr. Caligari* es una obra maestra del séptimo arte.

8. LA CARRETA FANTASMA
Suecia, 1921

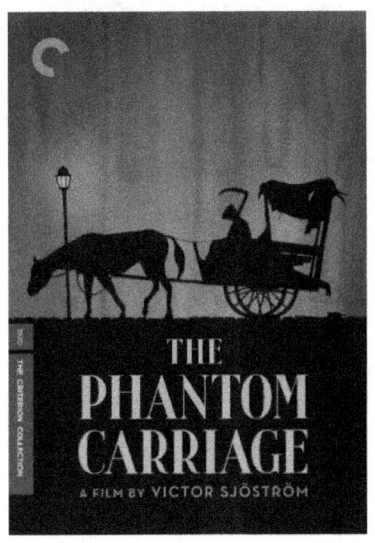

Título original: *Körkarlen*
Duración: 1 hora, 33 minutos
Dirección: Victor Sjöström
Guión: Victor Sjöström. Novela de Selma Lagerlöf
Género: Drama, fantasía, terror
Otros: Cine mudo, B/N
Reparto: Victor Sjöström (David Holm), Hilda Borgström (Sra. Holm), Tore Svennberg (Georges), Astrid Holm (Edit), Concordia Selander (la madre de Edith), Lisa Lundholm (María), Tor Weijden (Gustafsson).

Conocida en inglés como *The Phantom Carriage*, es generalmente considerada como uno de los films centrales en la historia de cine sueco. Fue muy innovador por los notables efectos especiales para su tiempo y una avanzada estructura narrativa con flashbacks dentro de otros flashbacks. Está basada en la novela de quien fuera premio Nobel de literatura Selma Lagerlof.

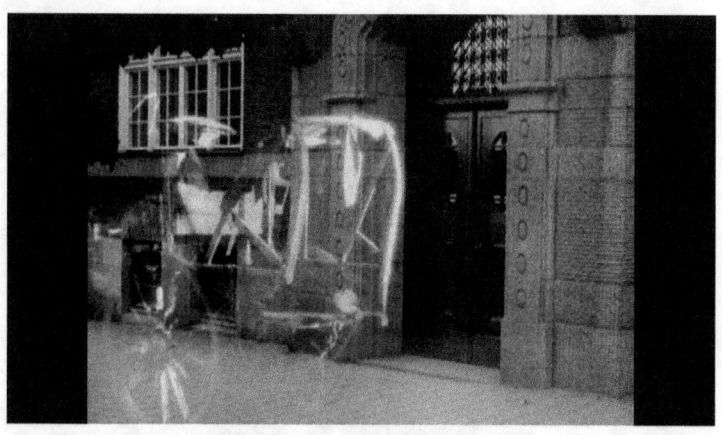

La carreta fantasma en tono azules que utilizó Sjöström para los gélidos exteriores (En los interiores utilizó sepia)

Es la noche de año nuevo. Tres borrachos esperan la medianoche ingiriendo licor en un cementerio. Uno de ellos, David Holm, les cuenta a los otros un extraño suceso que le ocurrió hace un año. Un amigo llamado George, de mala vida como ellos, se volvió temeroso en víspera de un año nuevo debido a una leyenda según la cual si un pecador es la última persona en morir al terminar el año, será obligado a conducir durante todo el próximo año la Carreta Fantasma, que es el coche que recoge las almas de los muertos, hasta que la noche del próximo Año Nuevo será reemplazado por el último pecador en morir. Su amigo George murió justo el año nuevo.

Al terminar el relato los borrachos riñen y David Holm muere en la reyerta justo al sonar la última campanada de la medianoche.

Sjöstrom rompe con la típica estructura de la época consistente en presentar de forma muy clara a los protagonistas antes de dar inicio al conflicto y comienza con el conflicto ya totalmente desarrollado. Al principio es difícil comprender del todo lo que está sucediendo o por qué los personajes se encuentran en esa situación y de hecho, no es hasta pasados casi 20 minutos cuando sabemos con certeza quién es David Holm, el protagonista.

La visualización de la carreta mortal en medio de la noche en mágica sobreimpresión, logra crear unas imágenes emblemáticas que explican por sí solas, mejor que cualquier tratado, qué es el cine.

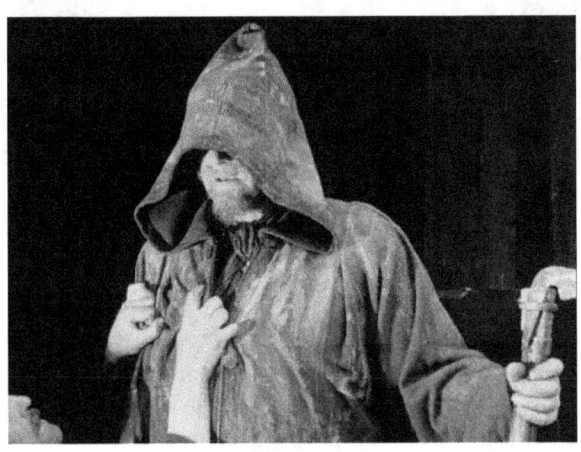

La muerte

Hay una escena donde el alcohólico David Holm (Sjöström) despierta al oír las campanadas de media noche al lado de su propio cadáver, sabiendo que está condenado al infierno. Mucho más tarde en *Fresas salvajes* (1957), vemos de nuevo a Sjöström, el protagonista de la historia, que en un sueño se acerca a un ataúd y dentro ve su propio cadáver.

El trabajo de los actores es magnífico, contrario a lo usual del cine del momento, interpretan con notable naturalidad, sin recurrir a la exageración, no están excesivamente maquillados y sus gestos están dentro de los parámetros corrientes. El propio Sjöstrom como protagonista tiene que dar forma a un personaje difícil de interpretar, y lo logra de manera muy creíble.

La carreta fantasma ha sido referencia para muchos directores, como para Ingmar Bergman en el film ya mencionado *Fresas salvajes* o para Stanley Kubrick en la escena en que Jack Nicholson rompe una puerta con un hacha en *El resplandor* (1980), una réplica de la escena en que David Holm hace lo mismo mientras detrás de la puerta están aterrorizadas su esposa y sus dos hijas.

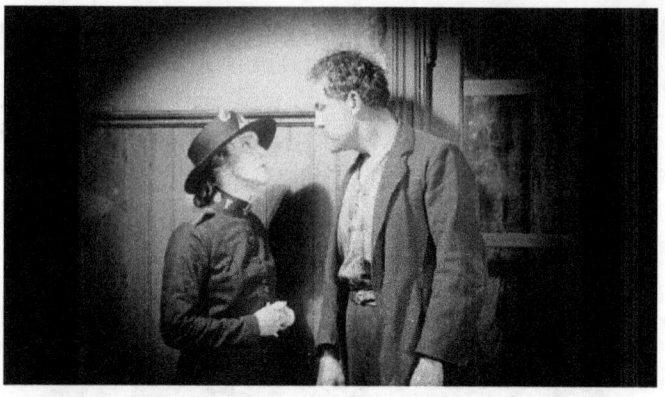

David no le agradece a Edith que le arreglara la chaqueta

David Holms, un hombre débil, autodestructivo y despreciable que, cuando se encuentra de una manera patética con la muerte, perfectamente representada, hasta con la hoz; está lejos de suponer que entonces se inicia para él una última posibilidad, una postrera llamada para su salvación y la de otros.

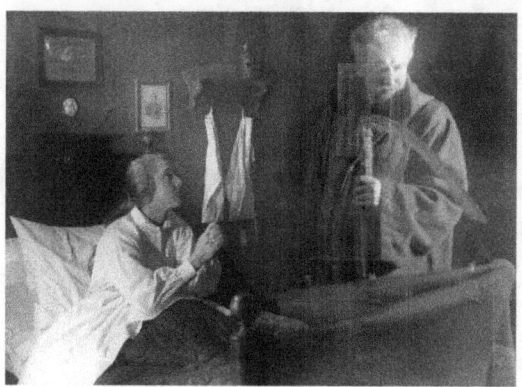

Edit le pide a la muerte una tregua mientras ella cumple con algo que tiene pendiente

Este prodigio audiovisual es una joya del séptimo arte, injustamente un poco olvidada por las masas, aunque valorada y citada en los círculos cinematográficos más intelectuales como una referencia mundial. *La carreta fantasma* convirtió a Sjöstrom en uno de los primeros grandes cineastas de la historia.

9. EL ÚLTIMO
Alemania, 1924

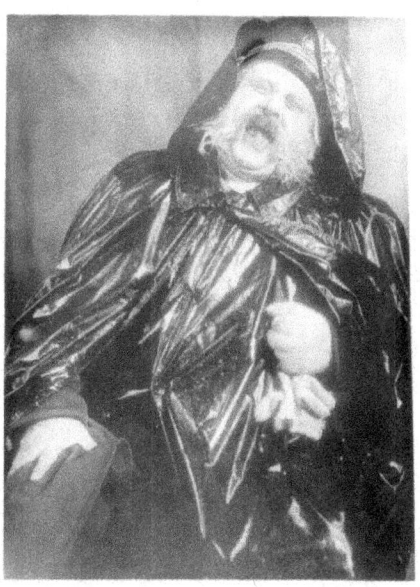

Título original: *Der Letzte Mann*
Duración: 1 hora, 30 minutos
Dirección: F. W. Murnau
Guión: Carl Mayer
Género: Drama
Otros: Cine mudo, B/N
Reparto: Emil Jannings (Portero), Maly Delachaft (La sobrina), Hans Unterkircher (Gerente del hotel)

El último, también conocida como *La última carcajada*, es una de las mejores películas del cine mudo. Introdujo varias novedades en su momento, una de ellas es la ausencia de rótulos. Era usual que en el cine mudo se utilizaran abundantes rótulos explicativos entre escenas, de manera que el espectador pudiese comprender lo que estaba sucediendo. Por ejemplo, *El nacimiento de una nación* es imposible comprenderla sin los rótulos. En *El último,* los rótulos simplemente no existen, la historia gráfica es tan explícita que no son necesarios. La única excepción es la carta de cambio de trabajo que el espectador puede leer mientras el portero también lo hace.

Murnau consideraba que los rótulos explicativos eran, según sus propias palabras, *"un recurso excesivamente literario, que ralentizaba el ritmo general de los filmes y restaba expresividad a las imágenes"*. Otra novedad fue utilizar la cámara de forma que "viera" como los ojos del protagonista (plano subjetivo), permitiendo representar el estado psicológico del personaje. También abundan las "artimañas" de la cámara como, por ejemplo, trucos de perspectiva forzada para mostrar el tráfico de una gran ciudad.

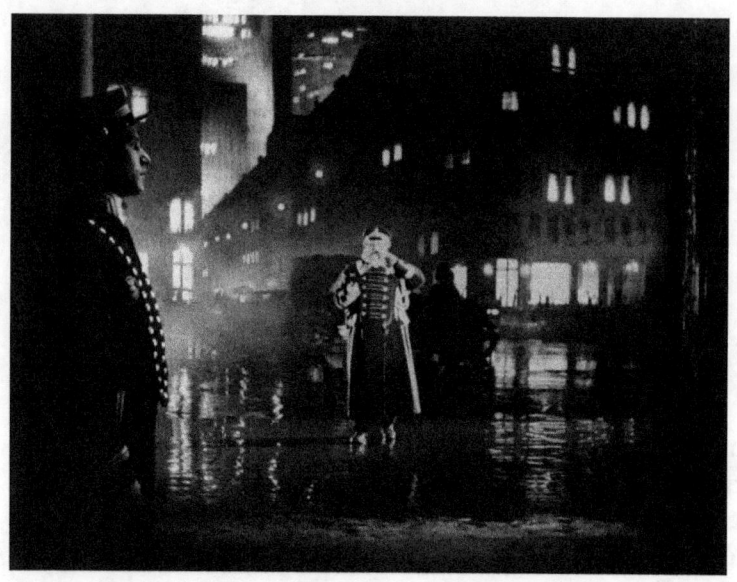

El portero imponente en la entrada del hotel

Hasta entonces, casi todos los planos se hacían con una cámara fija. Aunque el *travelling* o movimiento de la cámara ya había sido utilizado en *Cabiria* (1913), este no poseía la significación que adquiere en *El último.* En esta película la cámara sube y baja por ascensores, se desliza por la puerta giratoria, avanza y retrocede por los pasillos, lo que produce imágenes nunca antes vistas y a un ritmo sin precedentes.

El filme cuenta la historia de un elegante anciano portero del lujoso hotel Atlantic. El llamativo uniforme le da gran prestigio en el humilde barrio donde vive y le convierte en el individuo más respetable de la comunidad (obsérvese la sutil crítica a una sociedad que le da gran importancia a la vestimenta).

Un día el gerente del hotel nota que el portero queda sin aliento al descargar un abultado equipaje de un huésped, dando muestras de que ya no está facultado para actividades que requieren esfuerzo físico. Cuando el portero llega al hotel al día siguiente, consigue a uno más joven en su puesto. Alarmado va a la gerencia del hotel donde le entregan una notificación laboral de "cambio a un trabajo adecuado". El nuevo trabajo es asistente del baño de caballeros, cargo que le parece degradante.

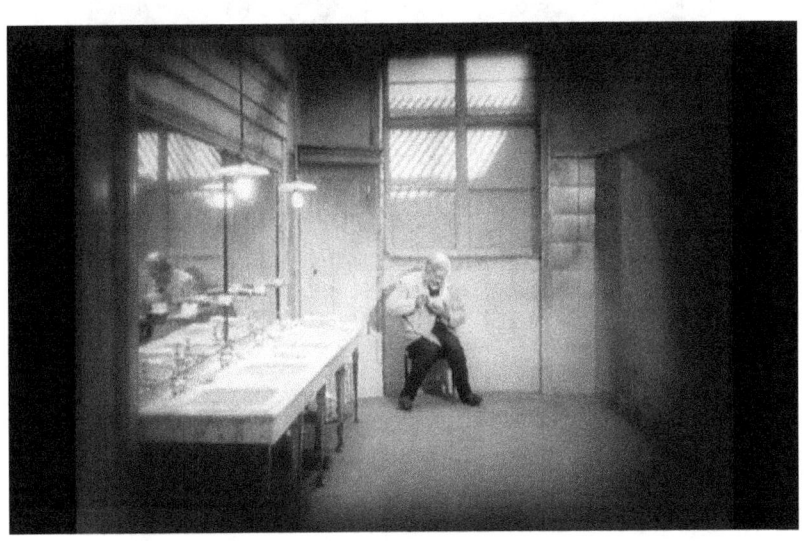

Nueva posición como asistente del baño de caballeros

Su sistema de valores, fundamentado en la honorabilidad que le proporcionaba la vestimenta, se viene abajo. El prestigio que disfruta en el barrio obrero donde vive quedará en entredicho. Su sobrina perderá la posibilidad de una boda ventajosa, incluso los flirteos con una viuda que le lleva el almuerzo se verán amenazados. La única solución que encuentra para mantener su estatus es robar uno de los trajes de portero y regresar al barrio cada tarde con el deslumbrante uniforme como si nada hubiese sucedido. Cuando se descubre el engaño, se vuelve el hazmerreír de la comunidad.

El guión es de Carl Mayer, quien se inspiró libremente en el cuento de Nicolas Gogol, *El abrigo*, y el productor fue Erich Pommer, director artístico de la UFA, la mayor productora cinematográfica alemana de ese periodo.

El papel de portero fue interpretado magistralmente por el clásico actor de la época Emil Jannings. Los otros dos personajes importantes son "el uniforme" y "la puerta giratoria" del hotel. Todos los otros personajes son secundarios.

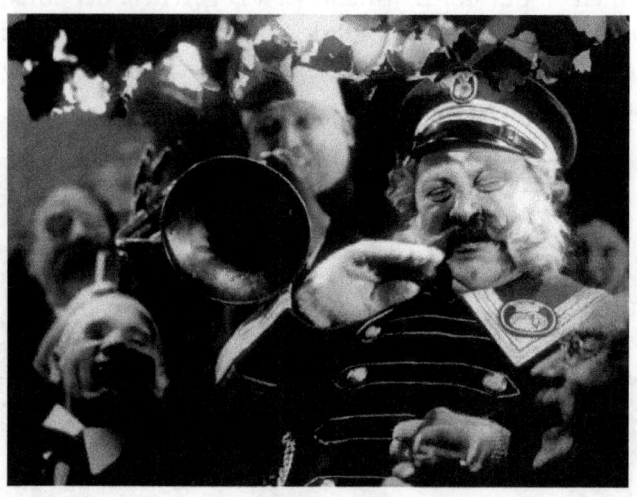

Falso final en la que el portero hereda una fortuna

La película debió quizá concluir con la muerte del portero en los urinarios donde había sido destinado a trabajar, pero aquí ocurrió otra cosa: los productores presionaron al director para que incluyera un final feliz; y aunque este no estaba de acuerdo, se vio forzado a aceptarlo. Pero Murnau logró hacerlo de una manera genial indicando claramente donde debió terminar la película y donde comienza el inverosímil "final feliz" añadido. En ese final el portero hereda una fortuna de un pariente desconocido y recupera el prestigio. Murnau sabía que ese epílogo rompía el ritmo y la intención del filme. Lo realizó apresurado, con una alegría más bien estúpida, diciéndonos que eso realmente no ocurrió.

10. EL ACORAZADO POTEMKIN

U.R.S.S., 1925

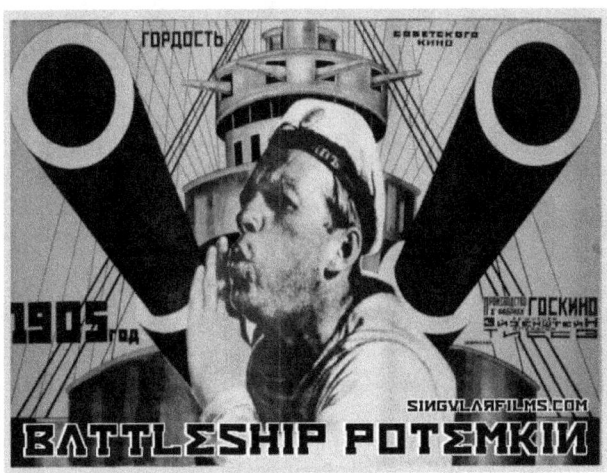

Título original: *Bronenosets Potyomkin*
Duración: 1 hora, 17 Minutos
Dirección: Sergei Eisenstein
Guión: Sergei Eisenstein y Nina Agadzhanova
Género: Drama, historia
Otros: Cine mudo, B/N
Reparto: Alexander Antonov (Vakulinchuk), Vladimir Barsky (Comandante Golikov), Mikhall Gomorov (Marinero), Beatrice Vitoldi (la mujer del coche), Prokopenko (madre con el niño herido), A. Glauberman (niño herido)

Sergei Eisenstein recibió en 1925 el encargo del gobierno soviético (Stalin tenía un año en el poder) de filmar una película para conmemorar el vigésimo aniversario de los brotes revolucionarios que ocurrieron en Rusia contra del Zarismo y que llevaron el comunismo al poder. Originalmente el director pensó en una película que abarcara toda la revolución, pero luego decidió que era mejor contar un ejemplo que simbolizara la totalidad de la lucha. Es una de las pocas cintas oficiales que ha trascendido el objetivo político y se ha convertido en una obra maestra de la cinematografía mundial.

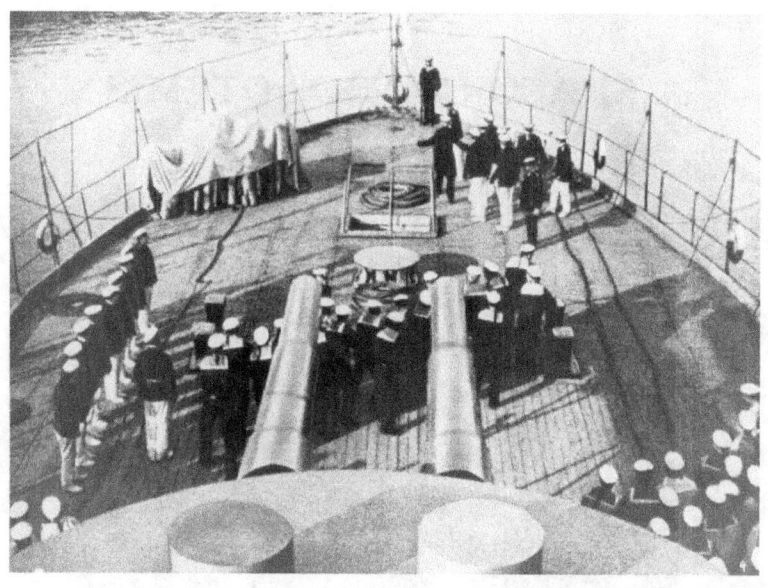

Los marineros que no quisieron comer son condenados a muerte por desobediencia

La película está basada en la sublevación del acorazado zarista "Príncipe Potemkin". Para la filmación, Eisenstein utilizó un barco gemelo encallado llamado "Doce apóstoles" y empleó actores no profesionales. En realidad la película no se ajusta exactamente a los hechos, pues la revuelta fue sofocada rápidamente y la famosa matanza en las escaleras de Odesa[iii] no ocurrió en la vida real, al menos con la intensidad mostrada. Sin embargo, este hecho no desmejora el valor artístico del filme.

La historia comienza en el acorazado, donde los marineros sometidos a una autoridad despótica son obligados a consumir carne descompuesta. En un primer plano se pueden observar los gusanos sobre los cortes de carne aunque los oficiales dicen que la carne está en buen estado. Los cocineros preparan una sopa con esa carne y los marinos se niegan a consumirla. Esto es considerado por las autoridades como un acto de rebeldía y Se ordena fusilar a los que no consumieron la sopa como un castigo ejemplar. Los cubren en cubierta con una lona y cuando dan la orden de "fuego", Vakulinchuk, quien es el líder de los marineros, grita a los verdugos que esos son sus propios compañeros evitando que aprieten los gatillos. Todos se sublevan y lanzan algunos oficiales por la borda. En el ajetreo, Vakulinchuk pierde la vida al ser alcanzado por una bala de un joven oficial.

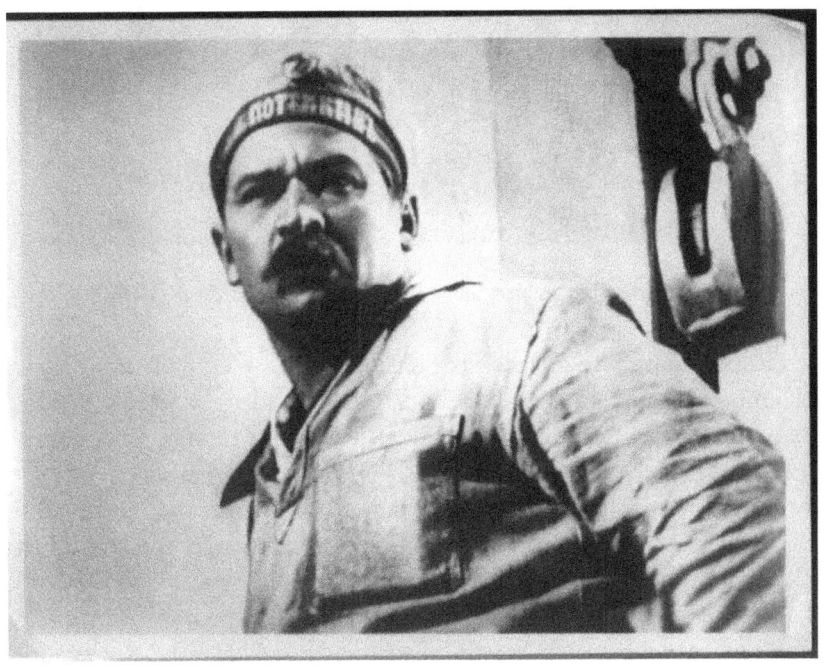

Vakulinchuk inicia la rebelión

Cuando el acorazado llega a Odesa, el cadáver del marinero es llevado a los muelles y colocado bajo una tienda, donde todo el que quiera puede verlo. El rumor de la sublevación por resistirse a consumir la sopa se extiende por la ciudad y una multitud viene a visitar el cadáver. Los ánimos se van encendiendo y muchos demuestran su apoyo al acorazado entregándoles víveres diversos, acto que es aplaudido por la multitud congregada en la enorme escalera de Odesa, frente a los muelles.

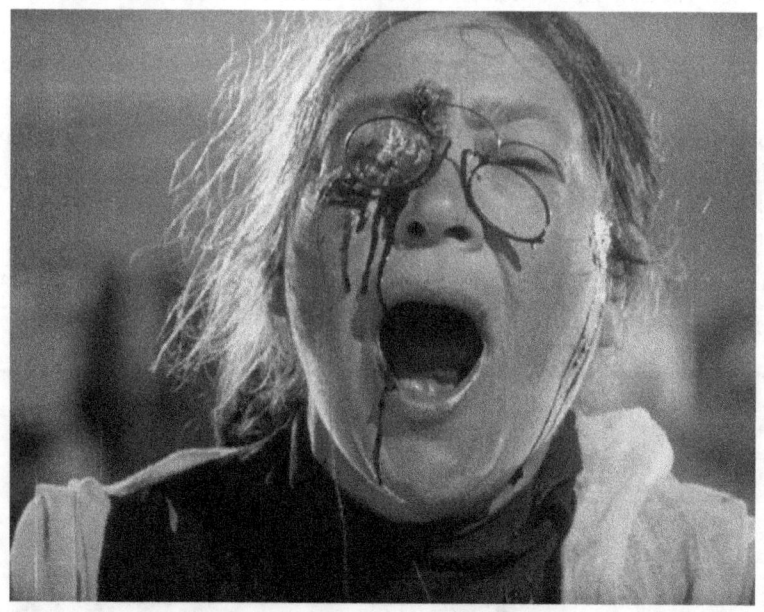

Una mujer recibe un tiro en el ojo en la matanza de las escaleras

Repentinamente aparece la guardia zarista y comienza a disparar a la multitud por la espalda. Todos corren despavoridos escaleras abajo. Al poco tiempo las escaleras están cubiertas por cuerpos moribundos. Eisenstein emplea dos tipos de planos, cada uno con ritmos diferentes. Por un lado, el ejército con un ritmo constante y obsesivo: las piernas de los militares terminadas en sus botas representan la máquina bélica del poder que aplasta al pueblo. Y por el otro, el pueblo mostrado con planos desordenados y de distinta duración, que indican el caos y el terror de los ciudadanos, logrando así mostrar de forma impresionante la opresión del ejército al servicio de la tiranía zarista. Hay muchas escenas excelentes como la de la mujer que huye con su pequeño hijo que es alcanzado por las balas. Ella, con la furia y el dolor de una madre a la que han maltratado al hijo, se devuelve con el niño herido en los brazos y enfrenta a los soldados que vienen en una alineada formación. Se oye la orden de cese al fuego, pero cuando la mujer con el niño se acerca, le disparan sin misericordia.

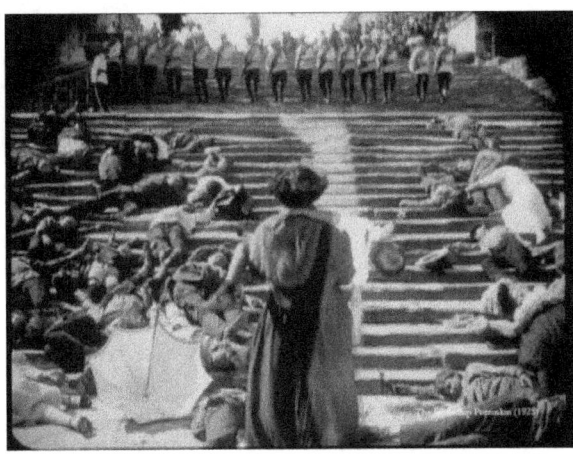

La madre con el hijo malherido en los brazos enfrenta al ejército

Otra escena famosa es la de la madre con un bebé en coche que es alcanzada por las balas y el coche comienza a rodar escaleras abajo con el bebé llorando mientras la matanza continúa (una escena similar se utilizó en la película *Los intocables de Eliot Ness* (1987), en la que un coche con un bebé cae por las escaleras de una estación de trenes en Chicago, en medio de una balacera). Eisenstein incorporó en esta película, probablemente fue uno de los primeros en hacerlo, inclinaciones de cámara (picado[iv] y contrapicado[v]) que dan como resultado un énfasis o sensaciones totalmente distintas en la narración.

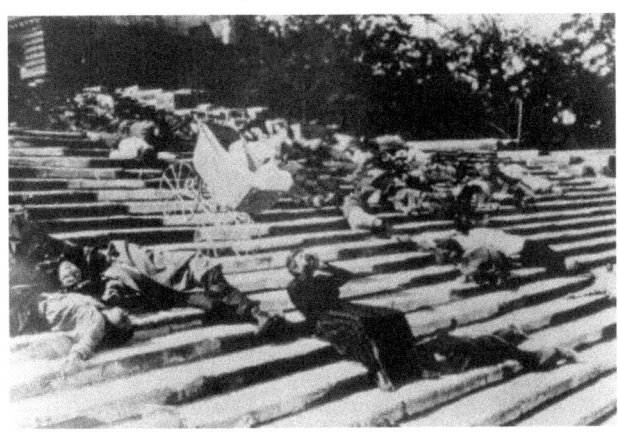

Esta es la famosa escena del cochecito rodando por las escaleras

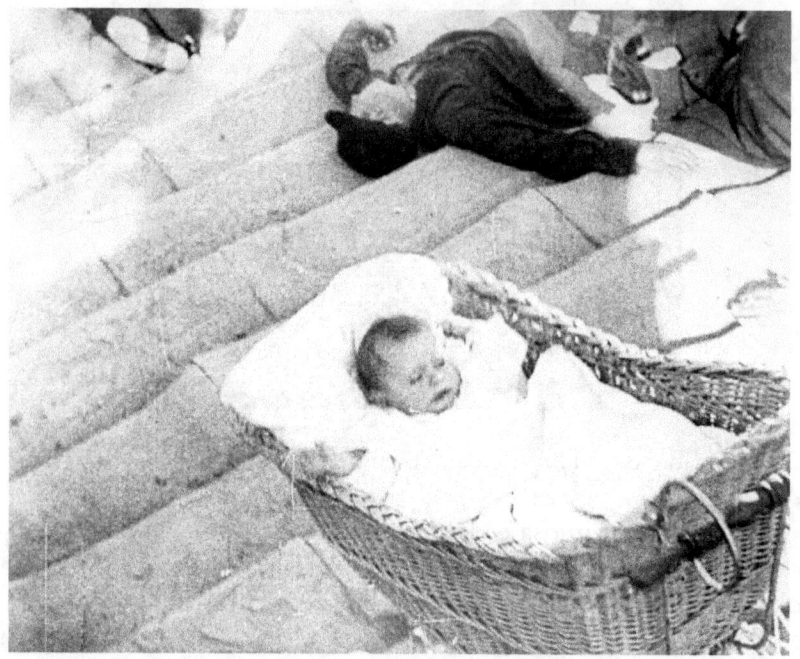

El bebé llora mientras el coche se desliza escaleras abajo

El acorazado Potemkin ha tenido una influencia en la historia del cine solamente comparable a *Ciudadano Kane*. Es una de las pocas películas de propaganda política que superó esa condición (otras son: *El triunfo de la voluntad* de Leni Riefenstahl, 1934; y *Soy Cuba* de Mijail Kalatozov, 1964) y se convirtió en un modelo artístico que hoy en día es reconocida unánimemente en todo el mundo.

11. METRÓPOLIS
Alemania, 1927

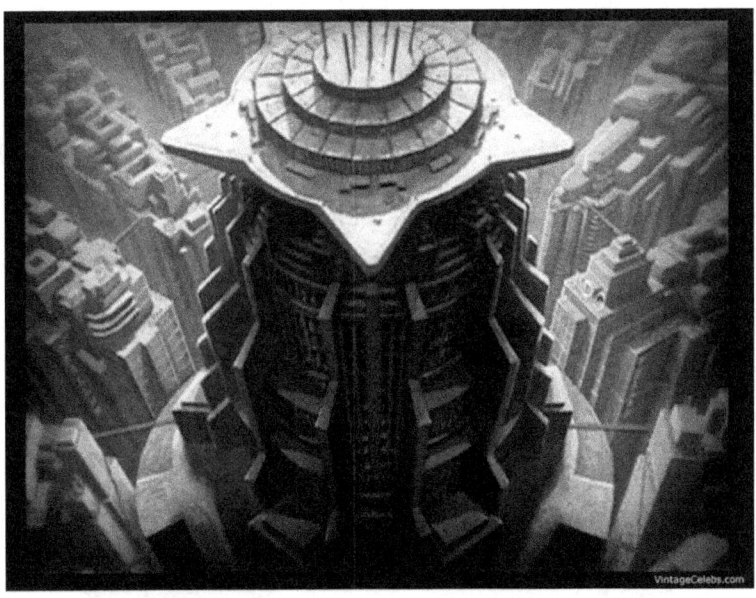

Título original: *Metrópolis*
Duración: 2 horas
Dirección: Fritz Lang
Guión: Fritz Lang y Thea von Harbou
Género: Drama, ciencia ficción
Otros: Cine mudo, B/N
Reparto: Alfred Abel (Joh Fredersen), Gustav Fröhlich (Freder), Brigitte Helm (Maria), Rudolf Klein-Rogge (Rotwang)

Metrópolis es una de las últimas películas exponentes del expresionismo alemán, movimiento artístico del primer tercio del siglo XX que se caracterizaba por la intensidad de la expresión.

Se trata de una distopía urbana futurista ambientada en el año 2026, justamente cien años después de que se realizó la película. La historia transcurre en una ciudad-estado gigantesca llamada Metrópolis. Como la película se hizo unos años después de la revolución industrial, muestra una sociedad muy avanzada basada en la máquina de vapor, que era la tecnología de la época. No hay equipos electrónicos ni computadoras. Todo el control de las máquinas es realizado por hombres, lo que es aprovechado por Lang para proponer una especie de "ballet" en la fábrica; y allí vemos a los obreros hacer movimientos que son quizá precursores de los que utilizaría Michael Jackson sesenta años después.

Lang hace alarde de su conocimiento en el campo de la arquitectura dejándolo plasmado en el brillante diseño de edificios y autopistas futuristas, que continúa inspirando al cine de hoy en día. El director solía mencionar que la idea surgió en su viaje a Nueva York, en octubre de 1924, mientras observaba fascinado desde el puerto los rascacielos de la ciudad en la noche. Todavía vemos en películas como *Blade Runner* (1982) vestigios de los rascacielos de *Metrópolis*. El guión fue magistralmente escrito por quien era entonces su esposa, Thea von Harbou.

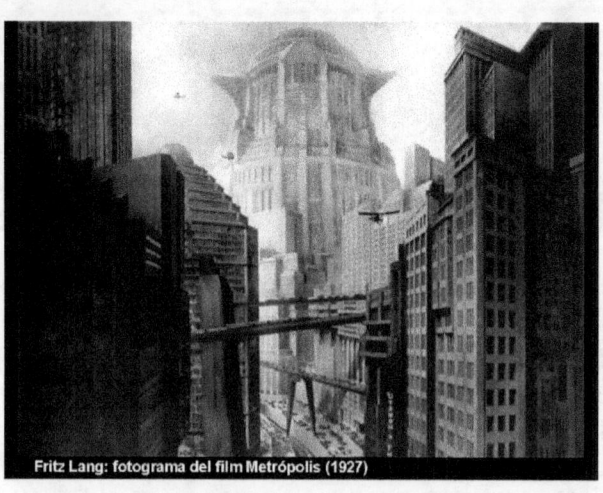

Fritz Lang: fotograma del film Metrópolis (1927)

Vista panorámica de la ciudad

En Metrópolis, la sociedad se encuentra dividida en dos grupos antagónicos y complementarios claramente definidos: la élite privilegiada de propietarios y planificadores que viven en la superficie y la casta de trabajadores explotados que viven bajo la ciudad y que trabajan sin cesar, casi como esclavos, para mantener el modo de vida de los de la superficie. El presidente-director de la ciudad es Joh Fredersen, un hombre al que poco le importan los trabajadores. Su hijo Freder conoce por accidente a María, una figura carismática y pacificadora que defiende la causa de los trabajadores, y queda profundamente enamorado de ella. María insta a los trabajadores a buscar una salida pacífica y tener paciencia, esperando la llegada del "Mediador", que unirá ambas mitades de la sociedad.

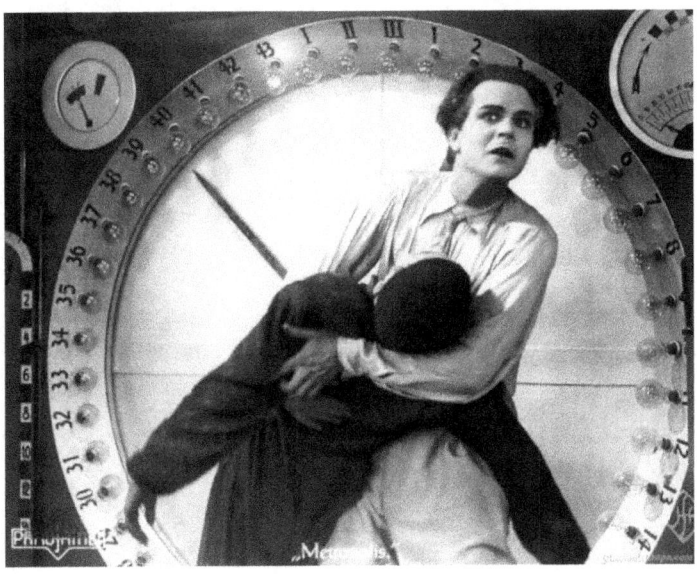

Freder presencia el accidente que sufren los obreros

Freder buscando a la chica penetra en el mundo subterráneo de los trabajadores, desconocido por él. Allí observa con sus propios ojos las pésimas condiciones en que viven los obreros. Horrorizado va a hablar con su padre y cuando le pregunta por qué trata tan mal a los trabajadores, él le contesta que ellos son las manos que construyen a Metrópolis.

Asqueado, Freder decide unirse a la causa de María. Mientras, su padre que se ha dado cuenta de las actividades de la chica y temiendo una revuelta de los obreros, solicita la ayuda de Rotwang, un inventor y científico. Este le muestra un robot que ha desarrollado y que puede tomar la apariencia y conducta humana. Así que deciden que el robot suplante a María. Las órdenes del robot son promover disturbios y el descontento para que Fredersen pueda lanzar una represión violenta contra los trabajadores.

Metrópolis está llena de mensajes como, por ejemplo, la alienación del trabajador explotado por la clase burguesa; o la crítica a la tecnología utilizada sin criterio ni moral, representada en el robot.

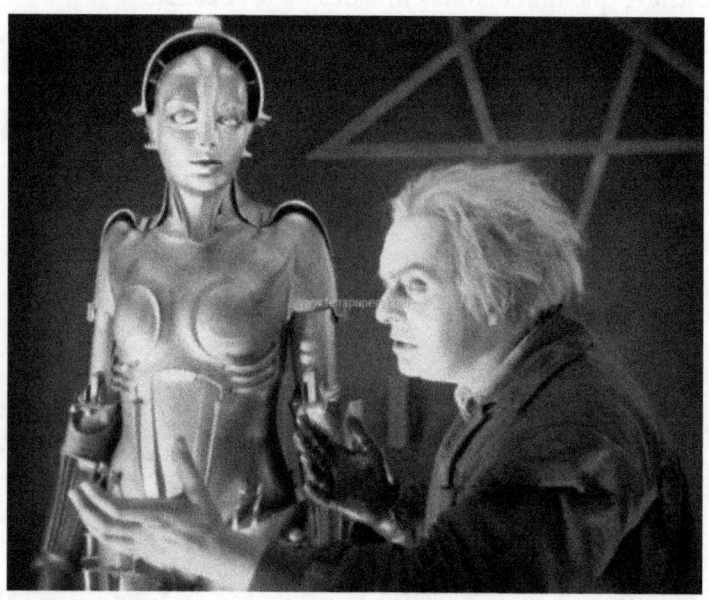

El robot construido para desprestigiar a María

Fue la película muda más costosa de Alemania. Para el rodaje se construyó una máquina de cuatro pisos que emanaba vapor. Se utilizaron 37.000 extras. De manera que el público que asistió al estreno en Berlín disfrutó de una verdadera superproducción nunca antes vista en su país.

12. AMANECER
EE.UU., 1927

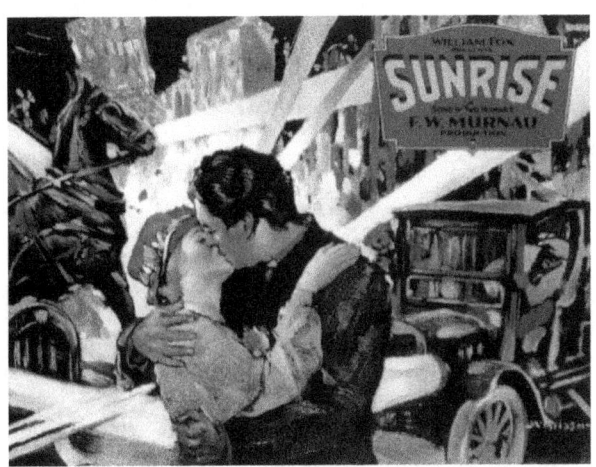

Título original: *Sunrise: A Song of Two Humans*
Duración: 1 hora, 35 minutos
Dirección: F. W. Murnau
Guión: Carl Mayer
Género: Drama, romántico
Otros: Cine mudo, B/N
Reparto: George O´Brien (el hombre), Janet Gaynor (la mujer),
Margaret Livingston (la mujer de la ciudad), Bodil Rosing (la criada), J
F. MacDonald (el fotógrafo)

Es la primera película de las cuatro realizadas por el director alemán Friedrich Wilhelm Murnau en Estados Unidos, luego de huir de Alemania por su condición de judío, donde el nacionalsocialismo iba en ascenso. Murnau murió en 1931, a la edad de 43 años, en un accidente automovilístico en Santa Mónica, California, privándonos así de más obras maestras.

El filme obtuvo tres premios Oscar en la primera edición de la academia: mejor actriz (Janet Gaynor), mejor fotografía y mejor calidad artística. Su lenguaje visual es muy avanzado. Al igual que hizo en *El último*, Murnau quiso prescindir de rótulos, pero los productores no aceptaron. Sin embargo, el lenguaje cinematográfico es tan depurado que la película puede entenderse y estremecernos sin ninguna explicación escrita.

A pesar de que el filme deslumbró y aún deslumbra por su belleza y armonía, fue un fracaso económico. Esto por supuesto limitó la futura libertad creativa de Murnau. Es importante señalar que *Amanecer* fue estrenada dos semanas antes de *El cantor de jazz*, la primera película del cine sonoro, lo cual representó una fuerte competencia.

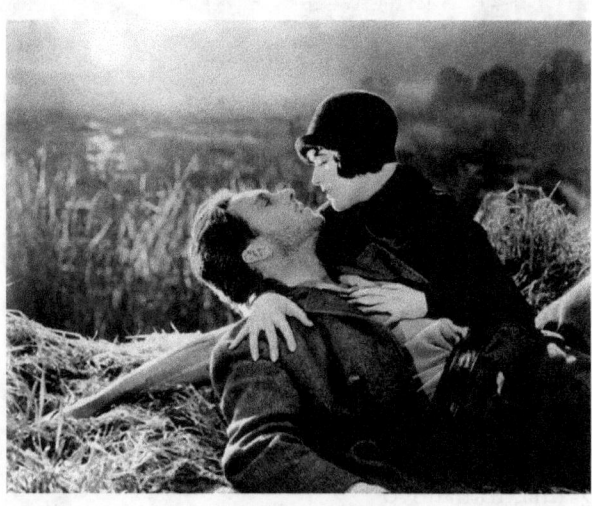

El hombre es seducido por la mujer de la ciudad

Amanecer es uno de los filmes más románticos del cine. La historia que plantea es universal: un triángulo amoroso en el que la infidelidad y la redención se disputan el corazón de un hombre que debe elegir entre dos mujeres.

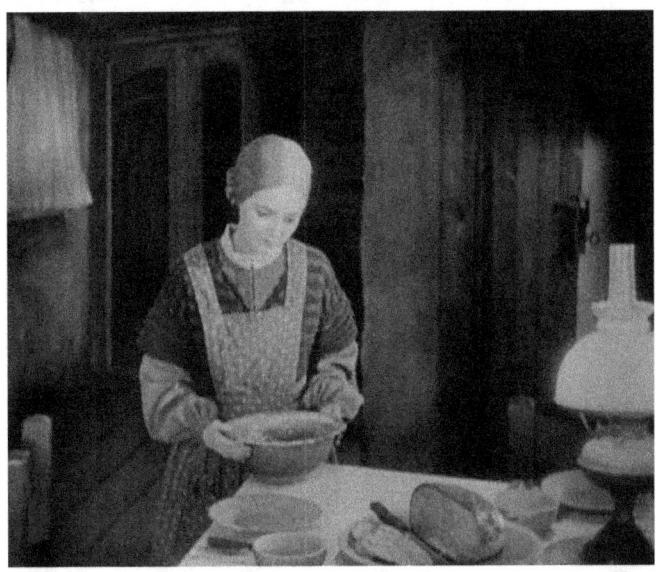

La esposa espera al marido

En un pequeño pueblo, una veraneante sofisticada de la ciudad seduce a un campesino casado. Este se enamora de tal manera que descuida sus labores y su familia. La mujer le convence que asesine a su esposa ahogándola en el lago para simular un accidente. Luego venderían la granja y se irían a la ciudad con el dinero obtenido.

Días después, el campesino invita a su esposa a un paseo en bote y ella inocentemente acepta con mucha alegría. Cuando llega el momento, el potencial asesino intenta ejecutar su plan, pero no puede cometer el crimen porque el amor por su esposa y sus convicciones morales se lo impiden. Al llegar a la orilla su esposa huye horrorizada mientras él la sigue implorándole que lo perdone. Llegan a la ciudad, entran en una iglesia en la que se está celebrando una boda y renuevan sus votos matrimoniales. Ella lo perdona y más enamorados que nunca, pasan el día en la ciudad como si fuesen recién casados.

Por la noche al regresar a casa en el bote, se desata una terrible tormenta y el hombre para salvar a su esposa, le ata un manojo de juncos a la cintura que funcionan como flotadores en caso de que naufraguen. Los juncos los había llevado para salvarse él en su olvidado plan criminal. El bote se hunde y la corriente los separa. El hombre llega a la orilla, pero no consigue a su esposa; los vecinos ayudan en la búsqueda aunque solo encuentran los juncos deshechos.

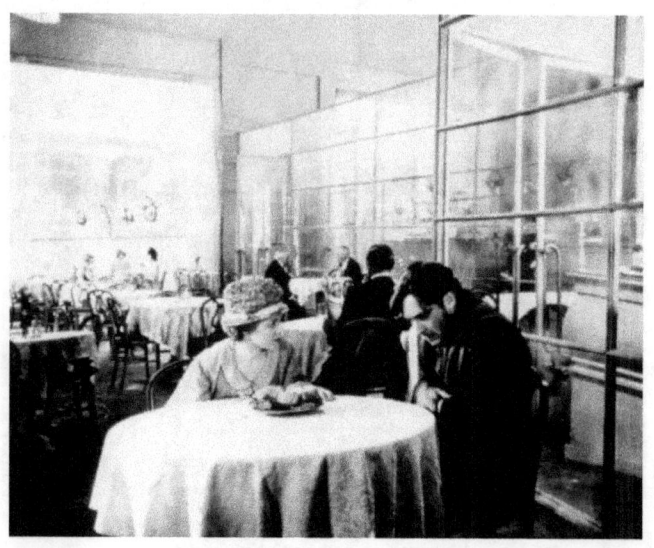

La reconciliación del matrimonio

La mujer de la ciudad cree que sus planes se han realizado y acude a encontrarse con su amante. Este, enloquecido por el dolor y la furia, intenta estrangularla cuando de pronto escucha los gritos de que han encontrado a su esposa con vida pero inconsciente. Al amanecer la mujer de la ciudad abandona el pueblo y la esposa se despierta feliz y besa a su marido.

El director jugó con los contrastes para contar la historia de amor: la dulce esposa del campesino y la arpía seductora, la tranquilidad idílica del campo y bulliciosa ciudad. También utiliza fuertes contrastes entre luces y sombras. Cada fotografía es una joya con la osadía de los innovadores, pero tratada con delicadeza. *Amanecer* nos presenta la primera *femme fatale* del cine, interpretada por Margaret Livingston.

Murnau transformó una sencilla historia en una obra maestra, considerada como una de las mejores películas del cine mudo.

13. EL CANTOR DE JAZZ
EE.UU., 1927

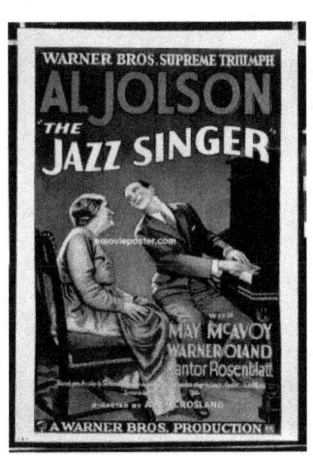

Título original: *The Jazz Singer*
Duración: 1 hora, 28 minutos
Dirección: Alan Crosland
Guión: Alfred A. Cohn
Género: Drama, musical, romántico
Otros: B/N
Reparto: Al Jolson (Jakie Rabinowitz), May McAvoy (Mary Dale), Warner Oland (El padre), Eugenie Besserer (Sara Rabinowitz), Otto Lederer (Moisha Yudelson), Robert Gordon (Jakie Rabinowitz – joven), Richard Tucker (Harry Lee)

En 1927 se exhibió una película que cambiaría de manera radical la manera de hacer cine. Independientemente de su calidad artística, se convirtió en un éxito de taquilla porque fue la primera película sonora. Aunque para ser exactos, no era totalmente sonora, alternaba sesiones mudas subtituladas con la voz y canciones de Al Jolson.

Los estudios Warner utilizaron el sistema Vitaphone (grabación de sonido en un disco). A partir de ahí las nuevas películas fueron sonoras, excepto por algunos directores de cine nostálgicos como Charles Chaplin, que continuaron por un tiempo produciendo cine mudo. La primera película totalmente hablada sería *Luces de Nueva York* (1928).

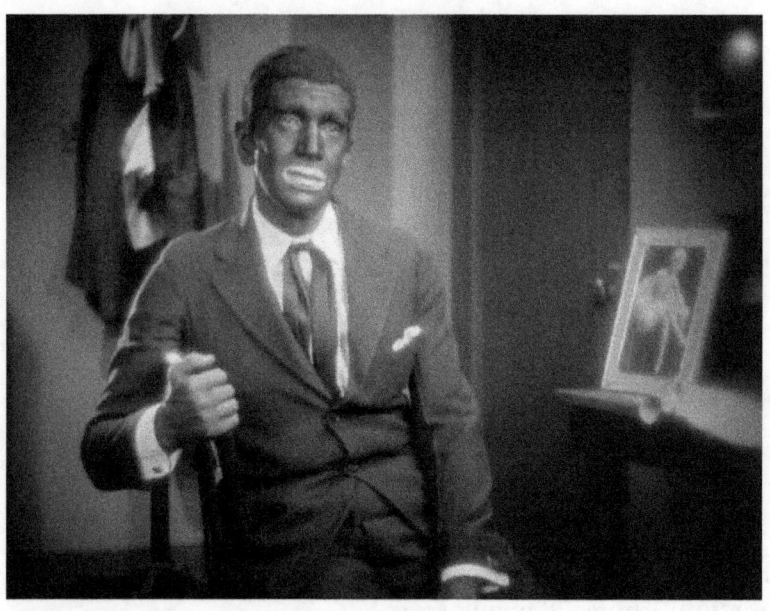

Al Jolson con su característica interpretación con la cara pintada de negro

Aunque desde la década de los veinte se venían realizando esfuerzos por incorporar el sonido a las películas, los resultados eran mediocres. Había tres grandes problemas.

1) **Sincronización**: el sonido y la imagen debían ocurrir al mismo tiempo. Por ejemplo: si el personaje hablaba, las palabras debían escucharse al tiempo que eran pronunciadas, no antes o después.

2) **Volumen**: los equipos disponibles tenían un volumen muy bajo para ser escuchados en una sala de cine. Hubo que esperar a que se desarrollaran los amplificadores electrónicos.

3) **Fidelidad**: la grabación debía ser suficientemente fiel para no confundir los sonidos. Por ejemplo: el sonido de un disparo no debía confundirse con el de una silla que se caía.

El cantor de jazz es una adaptación de la exitosa obra teatral del mismo nombre que se exhibía en Broadway. Trata de una familia judía ortodoxa en la que el Rabino Rabinowitz quiere que su único hijo Jakie continúe la tradición que se ha mantenido por cinco generaciones cantando himnos y plegarias en la sinagoga del barrio judío, pero el muchacho tiene otras aspiraciones: quiere convertirse en cantante de jazz.

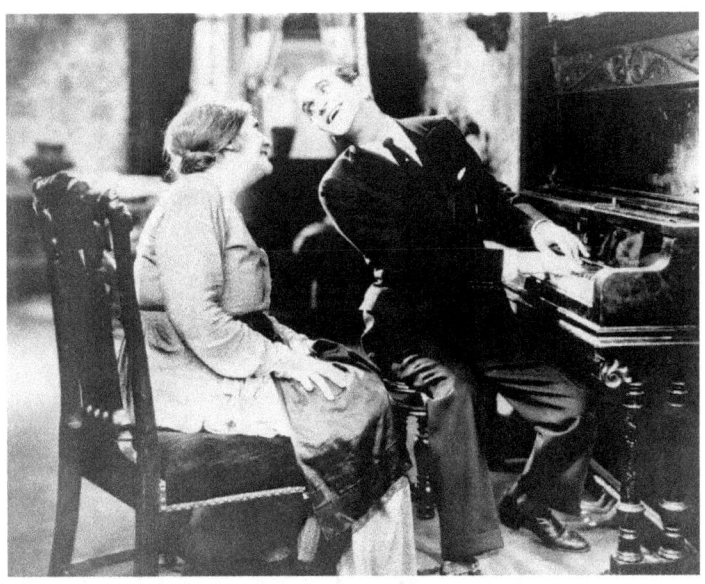

Al Jolson le canta a su madre que siempre lo apoyó

El filme plantea el problema de las familias muy apegadas a las tradiciones ante el avance del ejercicio de las libertades individuales y la mejora de los niveles de instrucción de la población. Las viejas costumbres cerradas no se sostienen en un mundo abierto, plural, libre y metropolitano como el de Nueva York.

Hay un momento mítico en la película cuando Al Jolson (en una secuencia con sonido) después de cantar ante una concurrencia pronuncia las palabras que dieron el salto al cine sonoro: *"¡Un momento… todavía no han oído nada! Esperen un momento y verán. ¿Quieren oír "Toot toot tootsie"? De acuerdo, ¡esperen!"*.

Después de esa frase nada fue igual y el cine mudo comenzó a ser algo del pasado. Los diálogos ya no tenían que leerse en la pantalla sino que podían escucharse integrados al sonido que acompañaba la proyección. *El cantor de Jazz* fue un éxito comercial sin precedentes para los estudios Warner, que pasaban por una situación financiera difícil.

Una de las señas de identidad de Jolson era interpretar algunos números con la cara pintada de negro. Él incorporó esta característica a la película, y por eso vemos al cantor de jazz siempre subirse al escenario con ese maquillaje.

Su estatus como primera película sonora asegura a *El cantor de jazz* un lugar privilegiado en la historia del cine

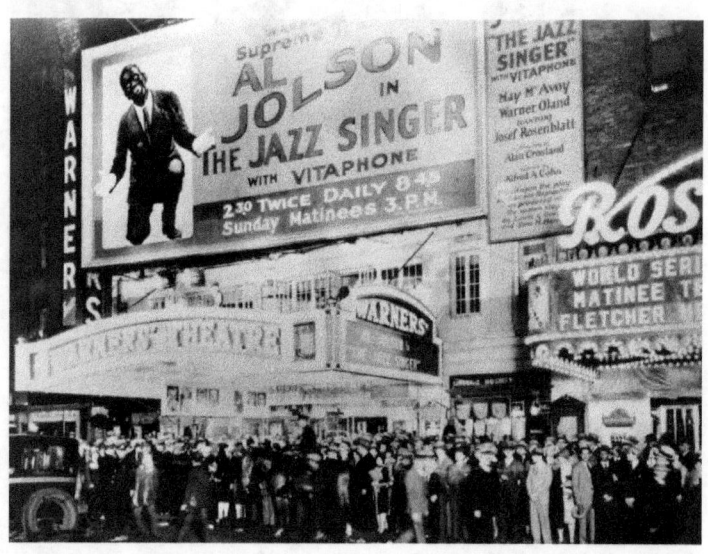

En la primera ceremonia de los premios Oscar *El cantor de jazz* recibió un premio especial por ser la primera película sonora

14. UN PERRO ANDALUZ
Francia, 1929

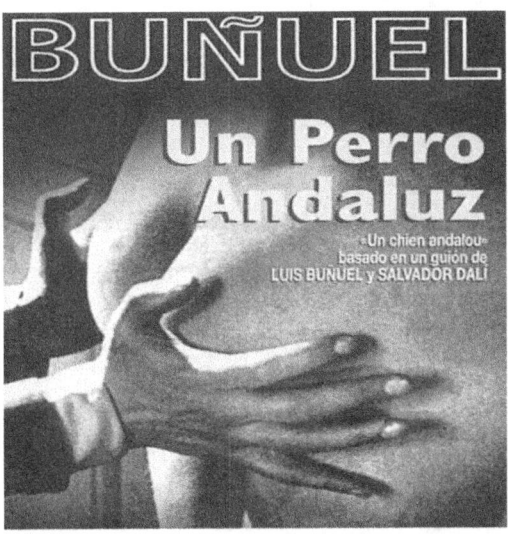

Título original: *Un chien andalou*
Duración: 17 minutos
Dirección: Luis Buñuel
Guión: Salvador Dalí y Luis Buñuel
Género: Fantasía
Otros: Cine mudo, B/N
Reparto: Simone Mareuil (la chica joven), Pierre Bacheff (el hombre), Luis Buñuel (el hombre del prólogo), Salvador Dalí (seminarista)

Un perro andaluz nació de la confluencia de dos sueños: Salvador Dalí soñó con hormigas que caminaban sobre su mano, y Luis Buñuel con una navaja de afeitar que seccionaba el ojo de alguien. A partir de estas ideas ambos trabajaron en el guión.

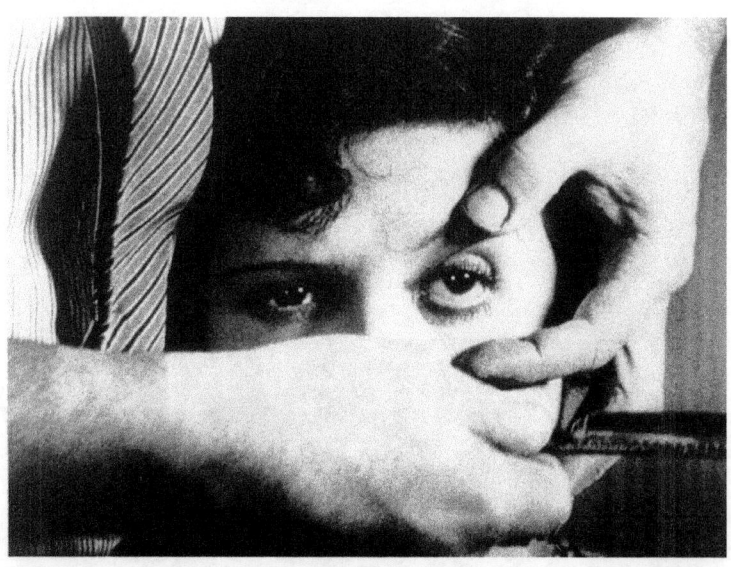

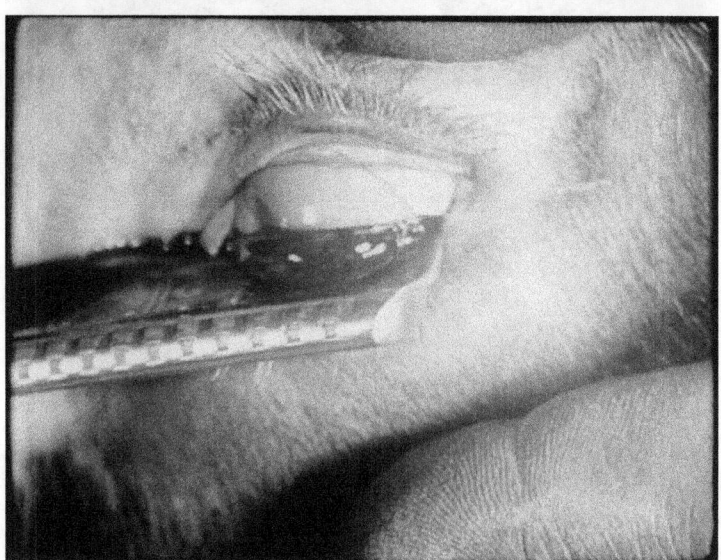

Escenas del famoso corte del ojo con una navaja de barbero

Está considerada la película más significativa del cine surrealista[vi], movimiento artístico y literario que surgió en Francia a comienzos de la década de 1920 en torno a la personalidad del poeta André Bretón, quien pretendía la expresión auténtica del pensamiento sin importar las leyes de la razón y las normas estéticas o morales.

La película no tiene argumento. Actúan dos personajes, un hombre (Pierre Bacheff) y una mujer (Simone Mareuil) de los que ni siquiera se conoce sus nombres. Cronológicamente tampoco muestra alguna secuencia, es totalmente incoherente. Se inicia con la frase "Erase una vez" y luego va a "8 años después" sin que los eventos cambien. Simplemente presenta una serie de imágenes en su mayoría ofensivas y extrañas que pretenden agredir al espectador, hacerlo reaccionar.

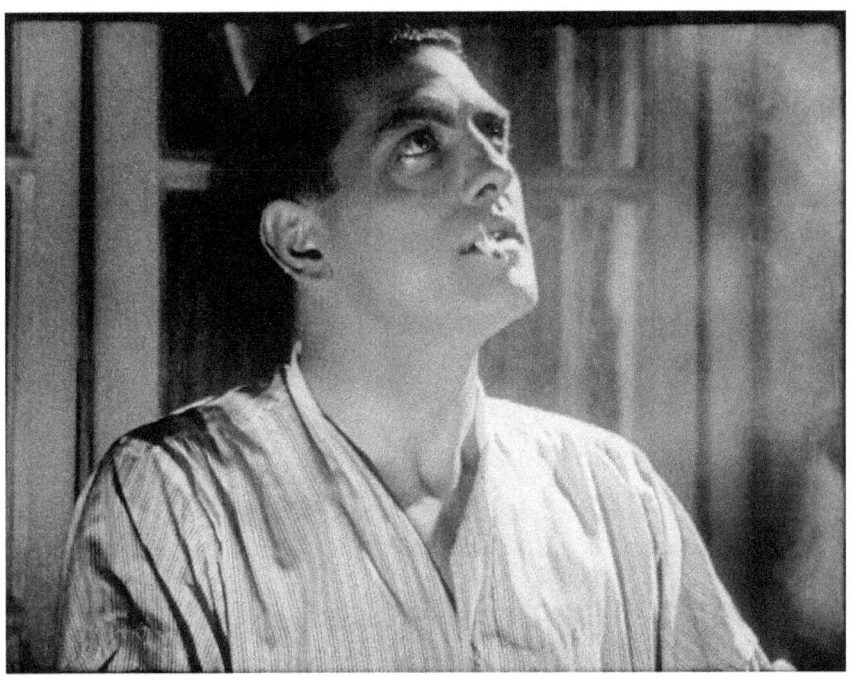

Buñuel observa la Luna antes de proceder a seccionar el ojo

61

Un hombre (L. Buñuel) afila una navaja de afeitar mientras observa cómo las nubes cortan a la luna. De igual manera, él corta el ojo de una mujer que se somete sin resistencia. Para rodar la secuencia del ojo se utilizó el de una vaca muerta, a la que se le afeitó el pelo circundante.

Luego de un intertítulo "8 años después", un ciclista ataviado de forma estrafalaria, pedalea por una calle desierta, se cae de la bicicleta y su cabeza golpea el canto de la acera. Una mujer que observa el accidente, baja corriendo de su apartamento para auxiliarlo. Lo besa frenéticamente y luego lo sube a su habitación para que se recupere.

En la habitación, la mujer coloca la ropa del ciclista sobre la cama como recomponiendo la imagen del cuerpo. Al voltearse, ve al mismo hombre mirando unas hormigas que salen de una herida que tiene en la palma de la mano. Así continúan muchas escenas incoherentes que no vale la pena describir sino verlas.

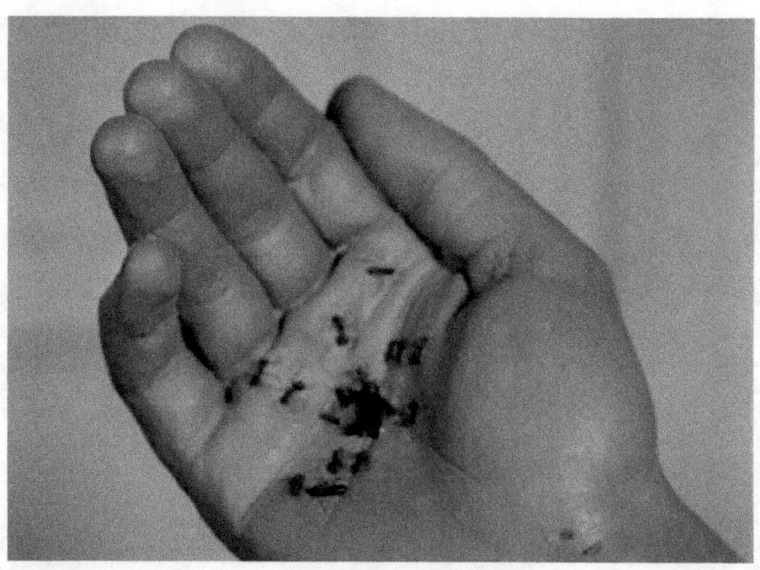

La hormigas salen de la mano

En el filme aparece una mariposa que tiene grabada en el cuerpo una calavera, diseñada por Dalí, conformada por siete mujeres desnudas. En el afiche promocional de la película *El silencio de los inocentes* (1991) aparece esta mariposa en la boca de Jodie Foster.

La película causó un enorme escándalo en su época. Aunque puede haber perdido algo de su impacto para agredir al espectador, todavía suele resultar repugnante. Contiene imágenes tanto eróticas como divertidas, aborrecibles y extrañas. El filme es simplemente una colección de imágenes abstractas, pero sin duda estaba adelantado a su tiempo. Por ejemplo, nunca se había visto una escena de los senos de una mujer desnuda acariciados por la mano de un hombre.

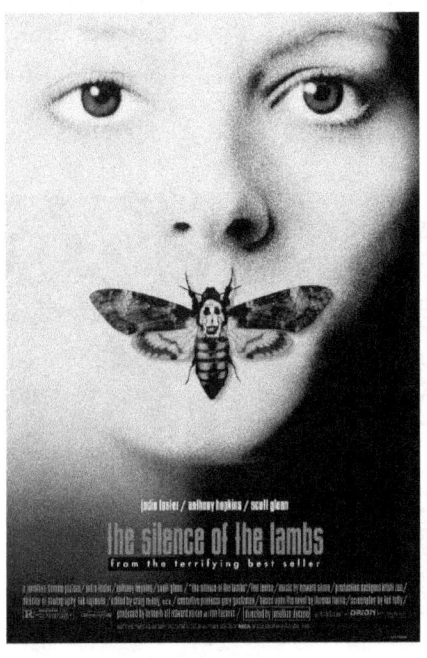

Imagen del afiche de *El silencio de los inocentes* con la mariposa calavera en la boca de Jodie Foster

Un perro andaluz se estrenó en París ante un público en el que se encontraban los líderes del movimiento surrealista: Picasso, Magritte, Cocteau y Breton. Afortunadamente resultó un éxito; Buñuel se había llenado los bolsillos de piedras para contraatacar al público cuando lo agredieran, pero no fue necesario utilizarlas. Él y Dalí fueron admitidos en el grupo surrealista.

No hay que buscar explicaciones racionales en este filme irracional que no es más que un sueño filmado. Sin embargo, podemos encontrar símbolos característicos de la obra de Dalí como, por ejemplo, el piano; un instrumento que Dalí detestaba. Los pianos de cola eran característicos de la burguesía y representaban un símbolo de la decadencia del arte al servicio de las clases altas. Por eso aparece un piano con un asno muerto en descomposición encima.

Igualmente, vemos una imagen de hormigas perforando la mano del hombre; en toda la obra de Dalí están presentes las hormigas, pero a diferencia de las moscas que le fascinaban, le temía a las hormigas porque representaban para él la muerte. Esta impresión le quedó cuando de niño vio hormigas devorando un lagarto muerto.

Un perro andaluz es un ejercicio surrealista de expresión artística producido por un genio del arte.

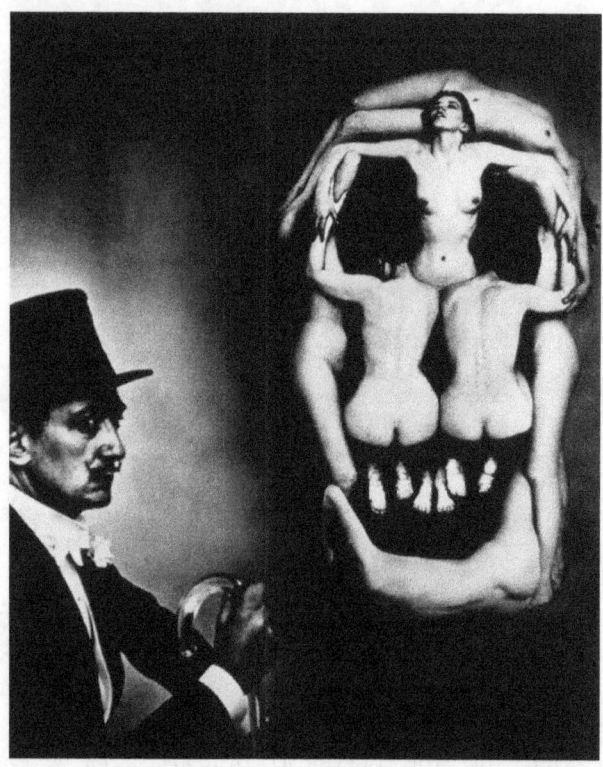

Detalle de la calavera de la mariposa en la boca de Jodie Foster

15. M, EL VAMPIRO DE DUSSELDORF

Alemania, 1931

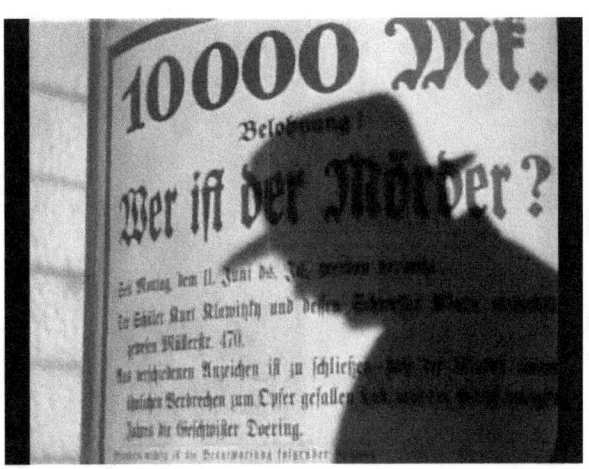

Título original: *M*
Duración: 1 hora, 50 minutos
Dirección: Fritz Lang
Guión: Thea von Harbou y Fritz Lang
Género: Crimen, drama, cine negro
Otros: B/N**Reparto:** Peter Lorre (Hans Beckert), Ellen Widmann (Frau Beckmann), Inge Langut (Elsie Beckmann. La niña), Otto Wernicke (Inspector Karl Lohmann), Theodor Loos (Inspector Groeber), Gustaf Grundgens (Schranker), Friedrich Gnab (Franz, el ladrón)

M, el vampiro de Dusseldorf es la primera película hablada de Lang y la penúltima que dirigió en Alemania antes de abandonar el país huyendo del nazismo (la última fue *El testamento del Dr. Mabuse,* 1933). Escapó la noche del mismo día en que Joseph Goebbels le propuso encargarse de la dirección de los estudios alemanes UFA, dejando casi todo lo que tenía y a su esposa Thea (su guionista), quien era más afín a las ideas del nacionalsocialismo.

A pesar de tratarse de su primera incursión en el cine sonoro, Lang utiliza con extraordinaria precisión los sonidos y los silencios para incrementar la tensión dramática de la narración, aunque carece de una banda de sonido propiamente dicha. Aparte de los ruidos relacionados con la acción (puertas, sirenas, motores, etc.), no tiene música excepto los silbidos del asesino, alegres notas infantiles que se convierten en obsesivas y amenazantes.

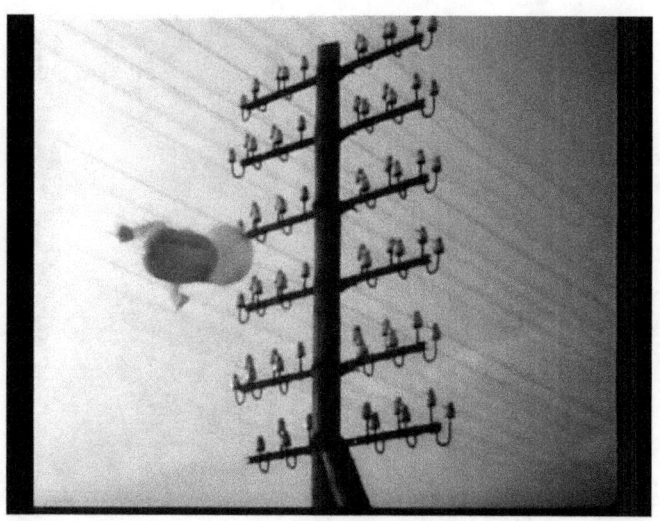

El globo que llevaba la niña nos indica que ya no volverá a casa

El filme está inspirado en hechos que ocurrieron en la ciudad de Dusseldorf donde Peter Kürten, un asesino en serie, acabó con la vida de varios niños y aterrorizó a la población. Es curioso que el actor protagonista de la película también se llame Peter (Peter Lorre).

La cinta estaba muy deteriorada, pero afortunadamente ha sido restaurada por el Archivo Cinematográfico de Múnich y ahora es posible apreciarla en toda su dimensión.

La historia está ubicada en la Alemania pre-nazi. Se inicia con unos niños jugando en círculo. El que está en el centro va pronunciando las siguientes palabras sílaba por sílaba mientras señala con su mano a cada niño en el sentido de las agujas del reloj: "Pron-to ven-drá el vam-pi-ro con su cu-chi-llo y ha-rá con-ti-go pi-ca-di-llo". El niño que es señalado cuando pronuncia la última sílaba sale del círculo. El juego es interrumpido por una de las madres que se lo tiene prohibido a su hijo.

Luego puede apreciarse una toma perturbadora: una niña camina alegremente por la calle rebotando su pelota. La cámara la sigue hasta una columna en la que hay un aviso "10.000 marcos de recompensa por la captura del asesino". Por el cartel nos enteramos que un asesino ha estado matando niños y la policía no ha podido capturarlo. Mientras leemos, la sombra de un hombre con sombrero se proyecta sobre el aviso. Se escucha una voz que dice: "¡Qué bonita pelota!". En otra parte de la ciudad, una madre espera preocupada la llegada de su hija de la escuela, que evidentemente no llegará.

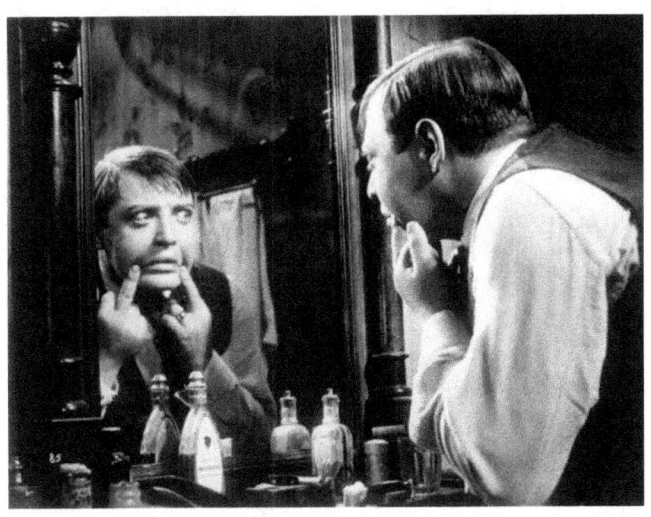

El asesino frente a un espejo

La policía está desesperada, la gente reclama por la incompetencia de las autoridades. La actuación de la policía se vuelve cada vez más abusiva, acosa a ciudadanos sospechosos, inspecciona casas a discreción, realiza redadas. La presión se dirige hacia la comunidad de mendigos que está indignada por la suposición de que un ser tan maligno debe provenir de sus filas. Para limpiar su nombre, los mendigos comienzan la investigación por su cuenta.

La costumbre del asesino de silbar siempre la misma melodía (leitmotiv), la cual había escuchado un mendigo ciego cuando el asesino seducía a una de sus víctimas, lo delata y así consiguen acorralarlo.

M es una de las primeras películas en utilizar fuertemente un leitmotiv, es decir, una melodía corta recurrente. En este caso la melodía la silba el asesino. Por cierto, Peter Lorre tenía dificultades para silbar por largo rato y por eso quien realmente silba es el propio Lang.

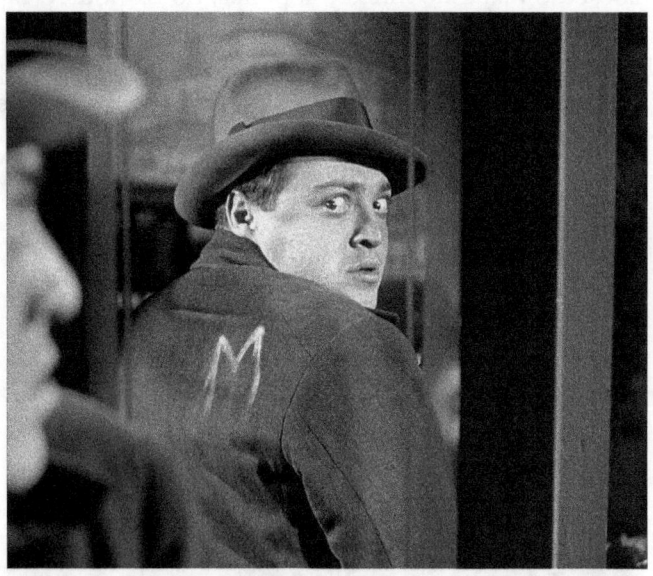

Un ciego logra colocar la letra "M" con tiza en el sobretodo del asesino

Durante las seis semanas que duró el rodaje, Lorre tuvo que desdoblar su personalidad en el asesino enfermo de *M* y, por las noches, en un personaje cómico de una obra teatral de Valent Katayev, lo cual pudo hacer gracias a su versatilidad actoral. Luego de la excelente actuación de Peter Lorre en esta cinta, quedó tipificado por el personaje de villano. *M, el vampiro de Dusseldorf* es una de las obras maestras del cine policiaco de todos los tiempos.

16. TIEMPOS MODERNOS
EE.UU., 1936

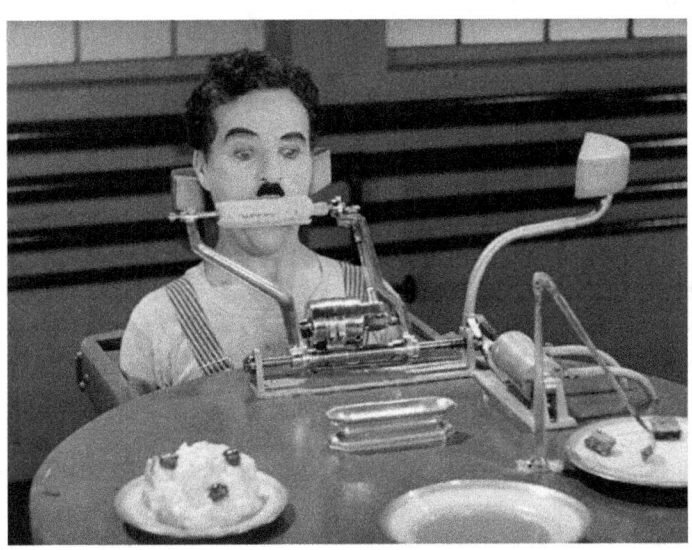

Título original: *Modern Times*
Duración: 1 hora, 27 minutos
Dirección y Guión: Charles Chaplin
Género: Comedia, drama
Otros: Cine mudo, B/N
Reparto: Charles Chaplin (Charlot), Paulette Goddard (la joven), Chester Conklin (mecánico), Stanley Blystone (padre de la joven), Al Ernest García (presidente de Empresa)

Si en la historia del cine hay películas que no pierden vigencia, esta es una de ellas. Una tarde se la puse a mis tres nietos, todos menores de 5 años de edad (mencionados en la dedicatoria), creyendo que se entretendrían tan solo por unos minutos y no se levantaron hasta que terminaron de verla. Todavía me piden ocasionalmente que se las vuelva a poner y oigo sus risas ante escenas tan divertidas que es imposible no hacerlo.

Cuando se estrenó esta película el cine sonoro ya tenía alrededor de una década. Chaplin era uno de esos cineastas conservadores que se resistía a utilizar sonido en sus filmes porque pensaba que la expresión y la imagen podían contarlo todo, mientras que el lenguaje hablado destruía la universalidad del cine. Las películas mudas podía verlas cualquier espectador sin importar su idioma. El director se convirtió en uno de los mayores enemigos del cine hablado. Pero forzado por la competencia de las películas sonoras tuvo que ceder. Habían pasado 6 años desde su último largometraje, por supuesto mudo, *Luces de la ciudad* (1930) y Chaplin había permanecido en silencio hasta *Tiempos modernos* (1936). Su siguiente película *El gran dictador* (1940) si fue totalmente hablada.

Inicialmente consideró utilizar en *Tiempos Modernos* diálogos y que todos los personajes hablaran, pero al final reconoció que Charlot (el vagabundo de maneras refinadas y con la dignidad de un caballero, que exhibía un bigote muy particular, vestía pantalones anchos con un frac estrecho, zapatos viejos, sombrero y bastón), representado por él mismo y creado a comienzo del siglo XX, pertenecía definitivamente al cine mudo y decidió que no hablaría. Aunque en algunos momentos se escuchan sus pensamientos hablados y hasta canta una canción cuando es contratado como mesonero. De manera que *Tiempos modernos* sigue siendo en esencia una película muda con algunos sonidos ambientales (máquinas, radios, altavoces), un número musical y líneas de algunos personajes. Esta película es la transición de Chaplin del cine mudo al sonoro.

El filme es una caricatura del ser humano degradado por el trabajo en las fábricas. Chaplin critica a través del humor, la exageración de la industrialización en la búsqueda de mejorar la productividad. Por ejemplo, el jefe que constantemente acelera el ritmo de la cadena de producción con el consecuente esfuerzo que tienen que realizar los obreros, o la divertida escena de la máquina automática de alimentación para reducir el tiempo del almuerzo.

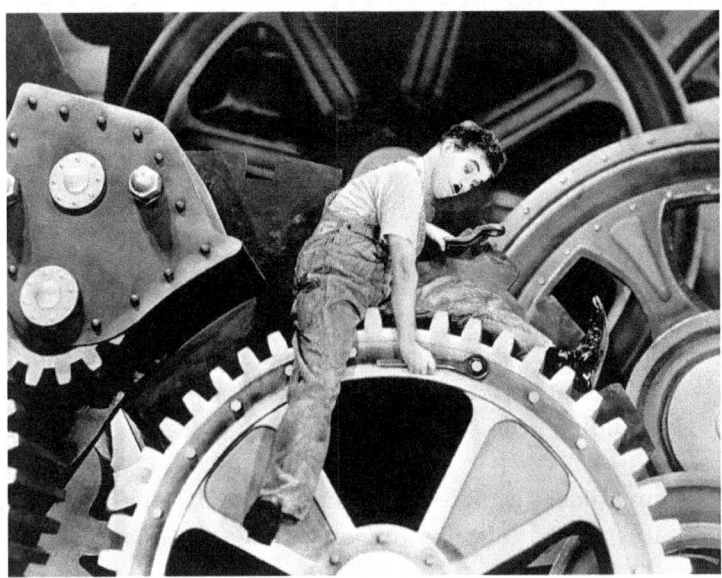

Charlot es atrapado en la cadena de producción

Charlot es un obrero que trabaja en una línea de producción de una gran fábrica. Su monótona tarea consiste en atornillar dos tuercas a la vez en las piezas que se desplazan en una cinta que se mueve a gran velocidad. Esto le produce un tic recurrente hasta llegar a la demencia. No puede dejar de atornillar todo lo que ve dentro y fuera del trabajo. Además, fue seleccionado como conejillo de indias para probar una nueva máquina automática de alimentación. La experiencia resultó tan traumática que terminó en un hospital psiquiátrico. Al salir se encuentra con las fábricas cerradas por la crisis financiera de 1929, que lleva a los trabajadores a la miseria. Luego es encarcelado al ser acusado injustamente de encabezar una manifestación comunista callejera. Al salir de prisión se encuentra en la calle con una huérfana que se convierte en su compañera.

Chaplin muestra la miseria de la época de la gran depresión sin matices pintorescos. En ocasiones la cámara plasma escenarios pobres de manera tan sobria que parece un documental, y en otras muestra las tensiones políticas de la época, siempre con un genial toque de humor. Por ejemplo, le escena en que Charlot recoge un banderín de señalización rojo que se cayó de un camión y lo agita para llamar la atención del chofer. En eso detrás de él gira la esquina un grupo de manifestantes. La policía cree que Charlot es el líder por estar al frente con una bandera roja y lo arrestan. Estas escenas reforzaron en su tiempo la idea de que Chaplin era un hombre de izquierda, por lo que algunos círculos conservadores estadounidenses veían al director británico como sospechoso, pero en realidad la postura que adopta el filme no es socialista sino más bien profundamente humanista.

Tiempos modernos es una historia sobre la industria, líneas de ensamblaje, la iniciativa personal y sobre todo la esperanza que nunca se pierde. La película finaliza cuando Charlot y su novia caminan al amanecer por una carretera desolada con la esperanza de un futuro mejor. Es la última película en que aparece el inolvidable personaje de Charlot.

Las similitudes de este film con la sociedad del siglo XXI son escalofriantes y hace que nos preguntemos si en estas siete décadas hemos avanzado algo.

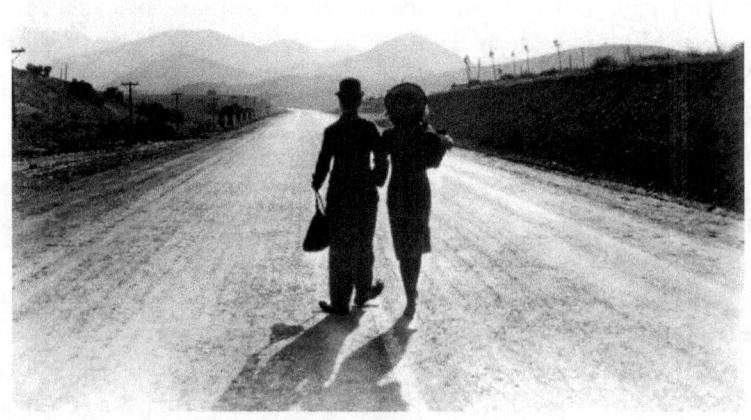

El precioso final en que la pareja busca un futuro mejor

17. LO QUE EL VIENTO SE LLEVÓ
EE.UU, 1939

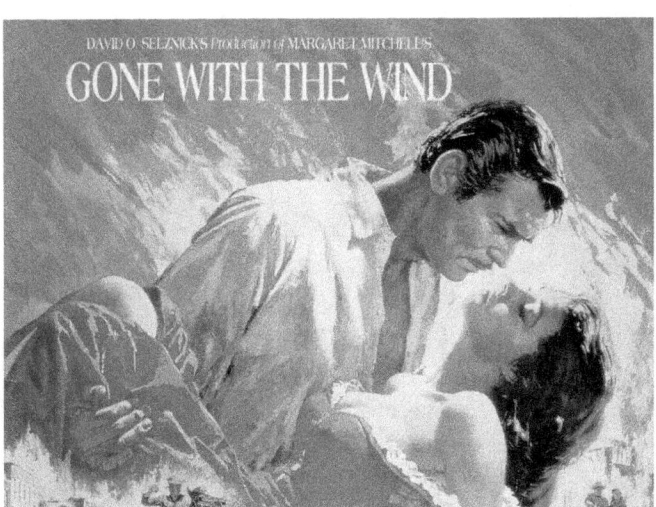

Título original: *Gone with the Wind*
Duración: 3 horas, 42 minutos
Dirección: Victor Fleming
Guión: Sidney Howard
Género: Drama, romántico, bélico
Otros: Color
Reparto: Clark Gable (Rett Butler), Vivien Leigh (Scarlett O'Hara), Leslie Howard (Ashley Wilkes), Olivia de Havilland (Melanie Hamilton), Thomas Mitchel (Gerald O'Hara), Barbara O'Neil (Ellen

O'Hara), Evelyn Keyes (Suellen O'Hara), Ann Rutherford (Carreen O'Hara), Hattie McDaniel (Mammy – la nana).

La gran superproducción de David O. Selznick en el incipiente tecnicolor, *Lo que el viento se llevó,* es uno de los filmes más famosos en la historia del cine mundial. El rodaje duró 140 días. En el momento de su estreno, era la película más costosa y larga que se había rodado. Obtuvo ocho premios Oscar por mejor película, mejor dirección, mejor actriz principal, mejor guión, mejor actriz de reparto (primer Oscar que ganaba una actriz de color, Hattie McDaniel), mejor dirección artística, mejor fotografía y mejor montaje.

El guión está basado en la novela homónima de Margaret Mitchell, un clásico de la literatura estadounidense y uno de los libros más vendidos. Adaptar al cine una novela de más de mil páginas fue una titánica labor del guionista Sidney Howard, quien al final logró adaptar el guión con bastante fidelidad, pues las diferencias entre la película y el libro son relativamente pequeñas y no alteran la esencia de la obra de Mitchell.

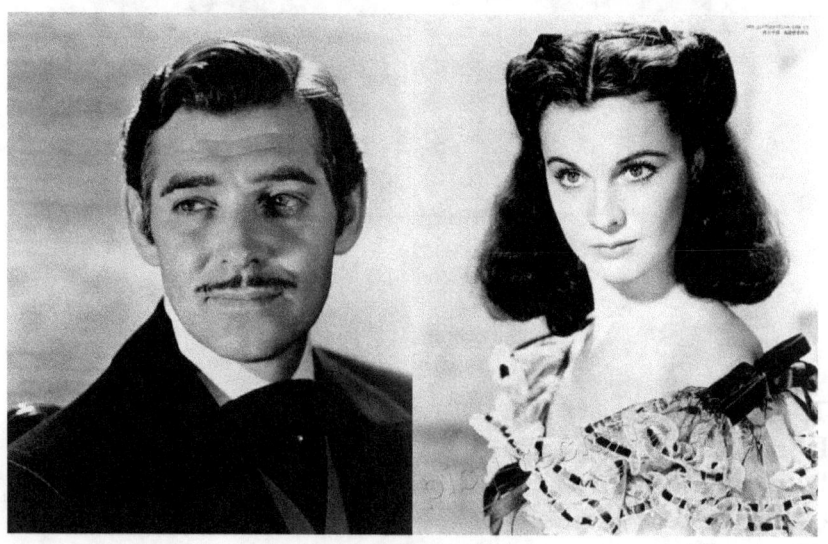

Clark Gable y Vivien Leigh

La realización de la película estuvo sometida a múltiples contratiempos. Se inició en una época en que los filmes sobre la Guerra de Secesión ya habían pasado de moda. A pesar de eso, el productor David Selznick adquirió los derechos de la novela por 50 mil dólares, una cuantiosa suma para la época.

Por diversas circunstancias la película contó con al menos tres directores: George Cukor, quien abandonó el proyecto por diferencias personales con Clark Gable; luego la dirección recayó en manos de Victor Fleming, que venía de realizar *El mago de Oz* (1939) y dirigiría la mayor parte del largometraje; y por último, Sam Wood sustituyó temporalmente a Fleming debido a que este tuvo una crisis de agotamiento. Aunque al final solo Fleming apareció en los créditos y, además, ganó el Oscar al mejor director.

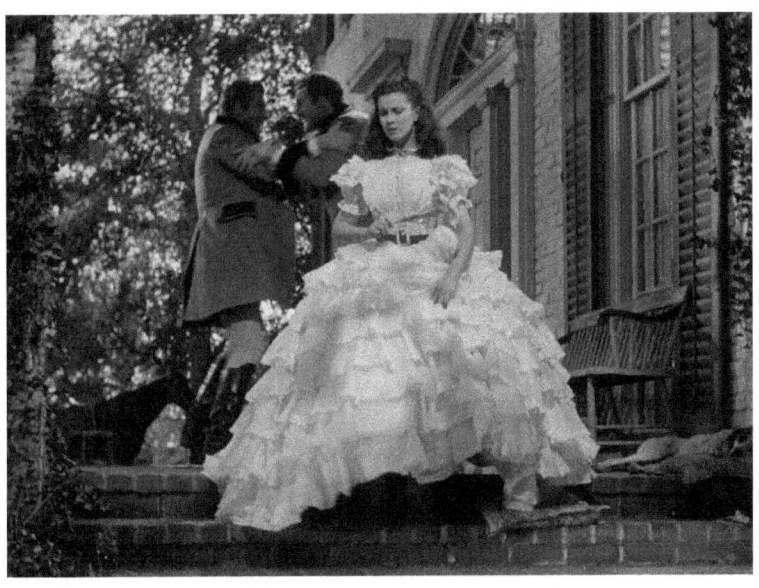

Scarlet se entera que Ashley se casará con su prima Melanie

Para el rodaje se construyó un espectacular escenario en los estudios Culver, en Culver City, California. Por otro lado, el hecho de que se filmara en Tecnicolor en pleno apogeo del blanco y negro, causó una verdadera sensación en el público.

La historia se desarrolla alrededor de uno de los personajes más míticos y fascinantes del séptimo arte: la hija mimada del propietario de una próspera plantación, Scarlett O'Hara, que lleva una vida sin preocupaciones en una mansión en el sur de los Estados Unidos. Ella está enamorada de Ashley Wilkes, un soñador de escasas habilidades, que está comprometido en matrimonio con su prima, la dulce Melanie Hamilton.

En la hacienda de los Wilkes se anuncia el compromiso del hijo con Melanie. Scarlett aprovecha la oportunidad para declararle su amor a Ashley, pero este no le corresponde. Dicha conversación es escuchada por Rhett Butler, hombre de reputación terrible que se mofa irónicamente de la posición altiva de los sureños y que termina enamorándose de Scarlett. En ese momento, estalla la Guerra de Secesión entre el Norte y el Sur.

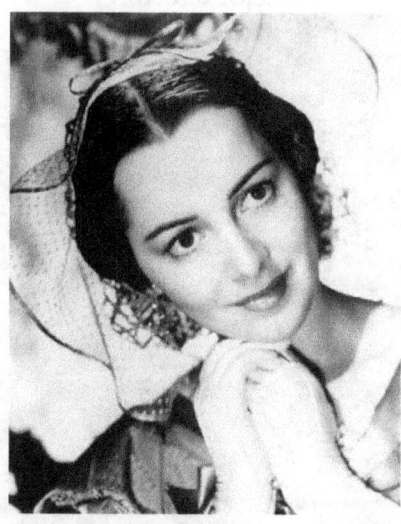

Olivia de Havilland en el papel de la dulce Melanie

Rhett intenta conquistar el amor de Scarlett durante toda la película, incluso al final consigue casarse con ella a pesar de que sigue obsesionada con Ashley, solo trae la infelicidad de la pareja.

Durante el desarrollo de la trama presenciamos la evolución de la protagonista desde que es una adolescente caprichosa e irresponsable hasta convertirse en una mujer madura, que en su lucha por sobrevivir logra todo lo que se propone.

El filme combina escenas espectaculares como el incendio de Atlanta, cuando Rhett y Scarlett huyen en un coche de caballos. Scarlett tiene la cara tapada porque esa actriz no era realmente Vivien Leigh. Llevaban tanto tiempo buscando a la actriz principal que decidieron empezar a rodar algunas escenas sin ella. La búsqueda de la protagonista fue acompañada de una contagiosa campaña publicitaria de manera que antes de comenzar el rodaje ya había bastante expectativa por parte de los futuros espectadores, lo cual sentó las bases de la mercadotecnia en el cine. La elección de Vivian Leigh satisfizo con creces las expectativas en un proyecto tan ambicioso.

Otra de las escenas impactantes es mostrada desde una grúa: un hospital de campaña en una estación ferroviaria, con un plano que comienza exhibiendo un número creciente de combatientes sureños heridos o muertos con terribles mutilaciones para terminar en la bandera de un Sur condenado a desaparecer. Por cierto, muchos de los cuerpos que se ven en esta escena son muñecos vestidos al lado de algunas personas vivas para evitar la sensación de falsedad. Estas escenas ponían el dedo en la llaga todavía ardiente de un trauma de la sociedad estadounidense. Por esa razón, muchas de las películas que tocaban el tema de la guerra no solían ser taquilleras. Casi todos los miembros del equipo de producción temían su fracaso financiero, excepto Selznick que era muy optimista respecto al éxito taquillero del filme.

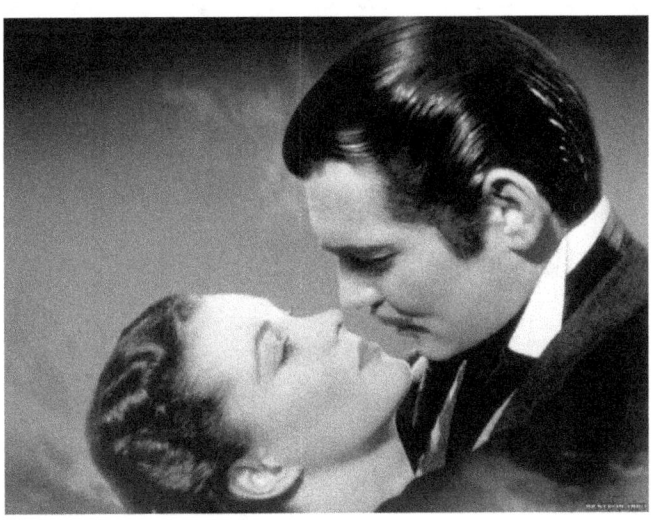

Finalmente Rett logra tener a Scarlett en sus brazos

Hay otras escenas que impresionan de un modo más íntimo al espectador, como la de Scarlett después de los múltiples sufrimientos ocasionados por la guerra y la destrucción de sus propiedades, que jura con el brazo levantado y el puño cerrado: *"Pongo a Dios como testigo de que no volveré a pasar hambre"*.

La música del vienés Max Steiner, que a lo largo de su carrera en Hollywood elaboró composiciones tan singulares para películas como *King Kong*, 1933; *La fiera de mi niña*, 1938; y *Casablanca*, 1942, enriquece la obra, especialmente con el "Tema de Tara", que el tiempo ha convertido en símbolo musical del cine.

Quien realmente llevó adelante la película fue su productor David O. Selznick, que se involucró intensamente en el proyecto no solo como el encargado de aportar el dinero, sino que también controlaba y participaba en todos los aspectos que permitieron la conclusión de la obra.

Por supuesto que la película no tiene el apoyo unánime de los críticos ni el apoyo incondicional del público, pero no deja de ser una de las más míticas y posiblemente sea la más vista.

Lo que el viento se llevó supone un hito en la historia del cine. Fue un éxito sin precedentes. Se mantuvo como la película más taquillera hasta que la relevó *El Padrino*, en 1972. A pesar de que no hay relación entre taquilla y calidad, más de treinta años en el primer lugar merecen respeto.

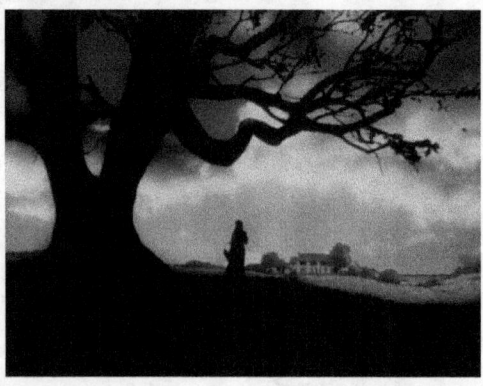

18. LAS UVAS DE LA IRA

EE.UU., 1940

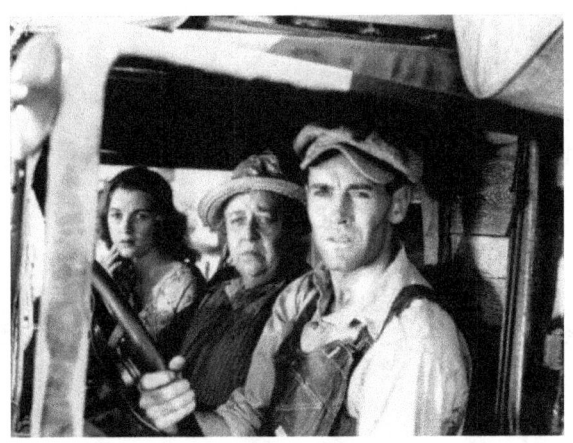

Título original: *The Grapes of Wrath*
Duración: 2 horas, 8 minutos
Dirección: John Ford
Guión: Nunnally Johnson
Género: Drama
Otros: B/N
Reparto: Henry Fonda (Tom Joad), Jane Darwell (Ma Joad), John Carradine (Casy), Charley Grapewin (Grandpa Joad), Dorris Bowdon (Rose-of-Sharon), Russell Simpson (Pa Joad), Joan Qualen (Muley Graves), Eddie Quillan (Connie Rivers), Zeffie Tilbury (Grandma)

Es el más impresionante y realista retrato de la Gran Depresión que afectó a los EE.UU. en la década de 1930. Está basada en la novela homónima de John Steinbeck, publicada en 1939 y ganadora del premio Pulitzer, que narra el vía crucis de la familia Joad. Este drama es utilizado para representar a miles de humildes granjeros de Oklahoma llamados "okies", que en los años treinta, en medio de una persistente sequía y de la crisis económica, fueron expulsados de las tierras que arrendaban y se marcharon hacia el oeste, creyendo que en California encontrarían un paraíso. Mucho de lo narrado se inspira en las vivencias del autor que sufrió durante años una vida de privaciones, semejante a la que viven los protagonistas de su obra.

Causa cierta sorpresa que el Hollywood conservador de esos años, orientado al mero entretenimiento y a la evasión, haya producido un documento de crítica social de esta envergadura.

John Ford llevó la historia a la pantalla con gran maestría. Es casi un precedente para el neorrealismo italiano. Logró dos premios Oscar: mejor director y mejor actriz de reparto (Jane Darwell). Además, obtuvo cinco nominaciones incluidas mejor actor (Henry Fonda) y mejor película (premio que ganó *Rebecca*, de Alfred Hitchcock).

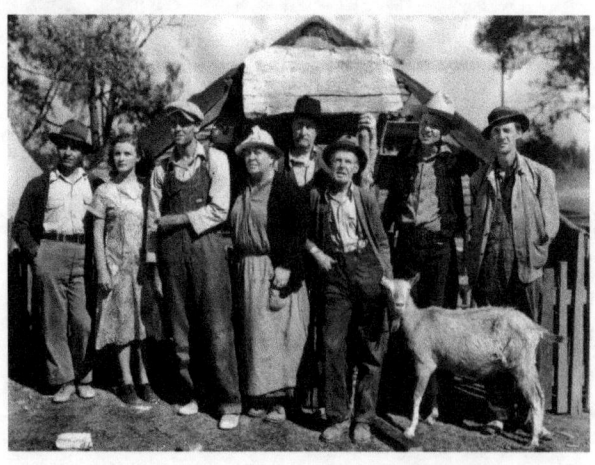

Los Joad antes de ser desalojados

La primera escena nos muestra un polvoriento paisaje en el que aparece Tom Joad, quien regresa al hogar después de cuatro años de ausencia. En un restaurante a la orilla de la carretera le pide a un camionero que lo lleve. Este comienza a hacerle preguntas hasta que Tom le dice que acaba de ser liberado de prisión pagó condena por el asesinato de un hombre en una pelea. El camionero no hace más preguntas y está ansioso de que tan peligroso pasajero llegue a su destino y se baje del camión.

Al llegar a casa se consigue con que su familia, al igual que todos sus vecinos, ha sido obligada a abandonar las tierras que arrendaban. La compañía propietaria ha decidido mecanizar el campo y expulsa a todos sin compasión.

Ford emplea imágenes fabulosas para visualizar la miseria y la tristeza: una panorámica que muestra la sombra de una familia en el seco y polvoriento suelo mientras un tractor enviado por los bancos acreedores destruye todo lo que tienen.

La esperanza es California, pues han visto algunos volantes en los que solicitan recolectores de fruta. La familia consigue un destartalado camión donde montan todos los enseres que pueden y parten hacia el sueño californiano.

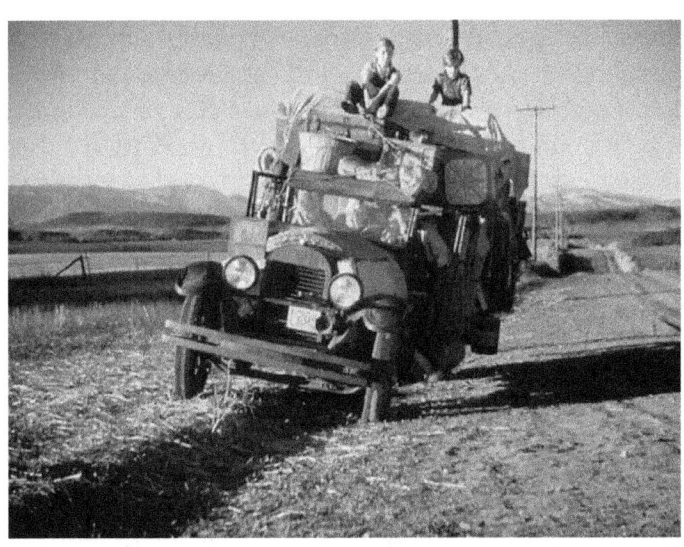

Viaje accidentado de la familia Joad a California

El viaje resulta una verdadera odisea. En el camino el abuelo enfermo muere y debido a las precarias condiciones económicas se ven obligados a enterrarlo a la orilla de la carretera, donde colocan, a modo de epitafio, una nota explicativa de que murió por causas naturales y de la imposibilidad de hacerle un entierro decente. Al llegar a California y observar los sembradíos, la alegría y la esperanza los invade, pero no dura mucho al descubrir que ya no hay trabajo porque la recolecta de la fruta terminó. Tienen que acampar en las afueras de la ciudad, donde otros cientos de inmigrantes se mueren de hambre ante la indiferencia o el rechazo de la población local.

Resaltan las actuaciones de Henry Fonda, quien se empeñó en realizar el papel a toda costa y logró crear uno de los personajes más fuertes de toda su carrera. Los primeros planos del rostro de Fonda muestran a un hombre hambriento y maltratado por la vida, distinto a la gran estrella de Hollywood de tantas películas.

También Jane Darwell (la madre de Tom) realiza una gran interpretación como madre corpulenta, de franca mirada y expresión angustiada, es el eslabón que une a la familia; y su actuación le valió el Oscar a la mejor actriz secundaria.

La película tiene elementos típicos de un "road movie" (película de carretera), un género cinematográfico cuyo argumento se desarrolla a lo largo de un viaje, como *Bonnie y Clyde* o *Easy Rider*. Gran parte del relato ocurre durante el viaje a California en un camión destartalado en el que se amontonan tres generaciones.

Visto el filme desde una perspectiva marxista, queda claro el antagonismo entre las clases sociales y el poder que ejercen los dueños de los medios de producción sobre los trabajadores. Siempre aparecen símbolos de poder como automóviles costosos, placas de sheriff que protegen a los dueños, armas, etc.

El director de fotografía, Gregg Toland, tuvo una participación importante con sus juegos de luces, sombras y efectos teatrales. Para endurecer las imágenes, prescindieron del maquillaje de los actores y no utilizaron filtros difusores en las cámaras. Posteriormente, Toland sería el director de fotografía de *Ciudadano Kane* (1941).

Con este filme, John Ford dio un paso adelante al añadir elementos psicológicos como factores dramáticos en la trama y además llevó el cine a exteriores, fuera del plató en los estudios cinematográficos.

19. FANTASÍA
EE.UU., 1940

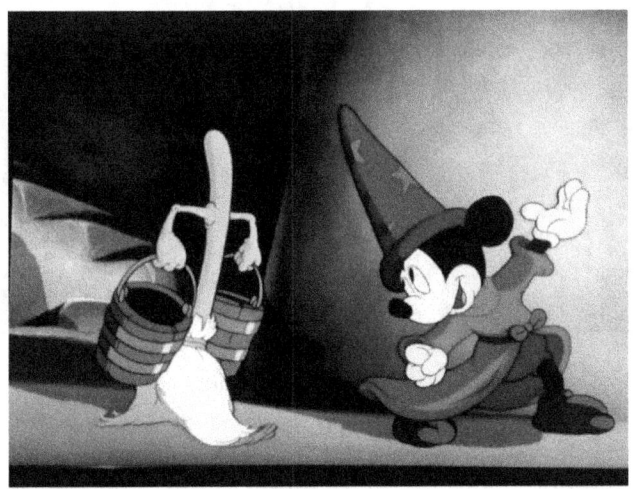

Título original: *Fantasia*
Duración: 2 horas
Dirección: James Algar, Samuel Armstron, Ford Beebe, Norman Ferguson, Jim Handley, T. Hee, Wildfred Jackson, Hamilron Luske, Bill Roberts, Paul Satterfield, Ben Shapstenn
Guión: Leer Blair, Elmer Plummer
Género: Animación, fantasía, familiar
Otros: Color
Reparto: Leopoldo Stokowski (director de la Orquesta Sinfónica de Filadelfia), Deems Taylor (narrador).

Fantasía es una película animada con un alto grado de experimentación y orientada hacia un público adulto. Si hubiese tenido suficiente éxito probablemente Walt Disney no se hubiera dedicado a producir exclusivamente películas infantiles. Fue la primera película importante con sonido estereofónico.

Hacía muy poco que Disney había creado las pautas de los largometrajes de dibujos animados con *Blancanieves y los siete enanos* (1937) y *Pinocho* (1940). El lanzamiento de *Fantasía* lucía temerario y para algunos era un acto suicida.

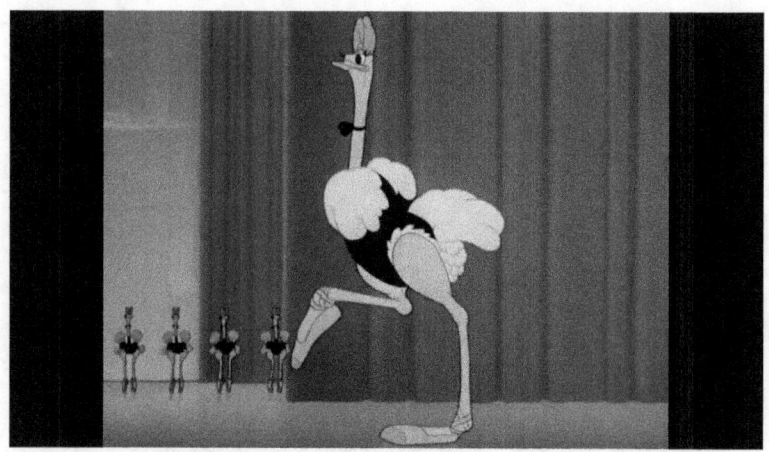

Los avestruces en la Danza de las horas de Ponchielli

La idea del filme era ilustrar con dibujos animados algunas de las grandes composiciones de la música clásica, familiares al público general. Tal como se aclara al principio del filme, "En Fantasía hay tres clases de música: en primer lugar la que cuenta una historia completa; luego aquella que aunque no contiene un argumento específico, sí esboza una serie de imágenes más o menos definidas; por último, la música que existe simplemente por sí misma".

El filme consta de siete segmentos o cortos acompañados por ocho obras de música clásica (el séptimo corto utiliza dos piezas musicales) dirigidas por Leopoldo Stokowski y ejecutadas por la Orquesta Sinfónica de Filadelfia. Comienza sin los usuales créditos: los músicos suben al estrado y afinan sus instrumentos. El maestro de ceremonias introduce a Leopold Stokowski, quien comienza a dirigir la primera selección musical: *Tocata y fuga en Re menor*, de Bach. Este viaje musical va acompañado por una preciosa fantasía abstracta de luces y patrones con variados colores que se mueven al ritmo de la música.

La siguiente composición es *La suite del cascanueces*, de Piotr Tchaikovsky, ilustrada por el cambio de las estaciones. Primero, de verano a otoño y luego, de otoño a invierno. La danza es ejecutada por peces, flores, hongos y hojas de árboles. Este episodio, aunque no cuenta ninguna historia, es muy agradable. Basta con ver a las flores bailando al más puro estilo ruso.

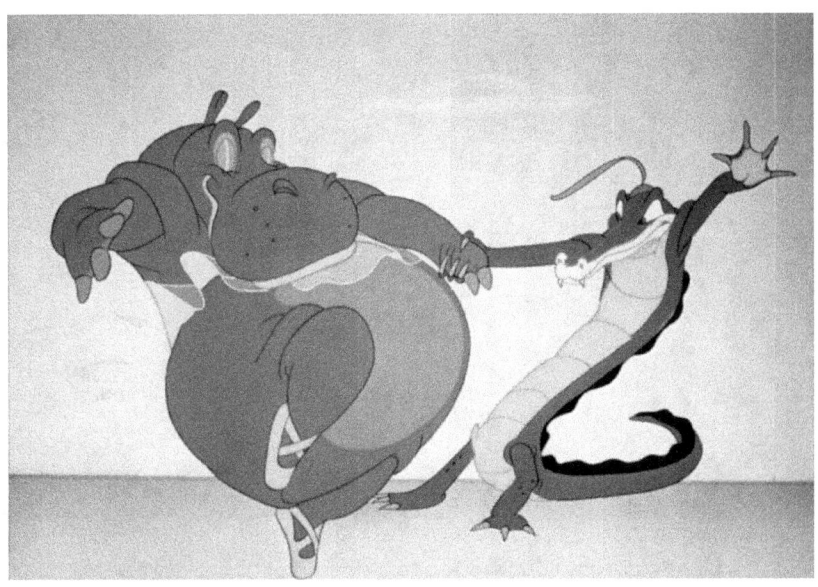

Hipopótamos y cocodrilos bailan en la Danza de las horas de Ponchielli

A continuación escuchamos la obra de Paul Dukas *El aprendiz de brujo*. Es una de las mejores historias de la cinta y quizá la más conocida, en la que el ratón Mickey interpreta a un aprendiz que no puede controlar la magia que él mismo ha generadoal darle vida a una escoba para que lleve los cubos con agua, hasta el punto de casi morir ahogado sin poder detener a las escobas que se han multiplicado y que incansablemente vacían los cubos en la guarida del mago.

Luego nos presentan *La Consagración de la primavera*, de Igor Stravinsky, en la historia de la creación del mundo desde la formación del planeta, pasando por la aparición de las primeras criaturas vivientes, el reino de los dinosaurios y su extinción. Hay ciertas imprecisiones como, por ejemplo, que los tiranosaurios son mostrados con tres dedos en cada brazo cuando realmente tienen solo dos, pero Disney decidió colocarles tres dedos porque así lucían mejor. Sin embargo, la credibilidad científica de este episodio es impresionante.

La siguiente secuencia está inspirada en el Olimpo Griego, en la que aparecen centauros, dioses, semidioses y faunos al compás de la *Sexta Sinfonía de Beethoven* (*La Pastoral*).

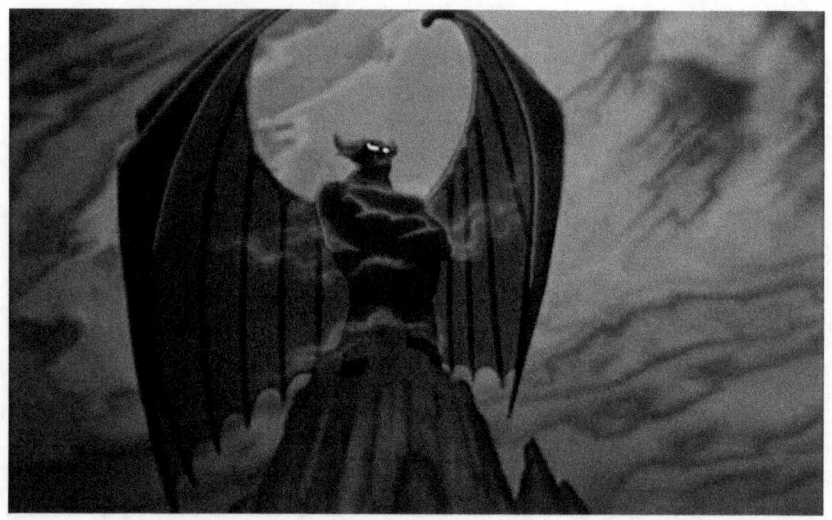

La noche en la árida montaña de Modest Mussorgsky

A continuación, se presenta un divertido ballet en el que participan hipopótamos, cocodrilos, elefantes y avestruces, entre otros, con la *Danza de las horas* de Ponchielli. Aquí hay otra inconsistencia: los avestruces son presentados como hembras con plumaje blanco y negro, pero en la vida real solo los machos tienen plumaje de ese color. Las hembras son de plumaje gris opaco, por lo que esto no resultaba vistoso.

Al final vemos un siniestro ser que hace bailar a los espíritus de los difuntos al ritmo de la música, seguido por un lugar de completa paz donde un coro de voces relaja al espectador con *La noche en la árida montaña*, de Modest Mussorgsky, y el *Ave María*, de Franz

Schubert. La fusión de estas dos piezas tan distintas, da como resultado una de las secuencias más interesantes tanto desde el punto de vista técnico como estético.

Realmente Walt Disney no dirigió la película. *Fantasía* tuvo un coro de directores y guionistas. Los directores fueron: Samuel Armstrong (segmentos 1 y 2), James Algar (segmento 3), Bill Roberts y Paul Satterfield (segmento 4), Hamilton Luske, Jim Handley y Ford Beebe (segmento 5), T. Hee y Norman Ferguson (segmento 6) y Wilfred Jackson (segmento 7).

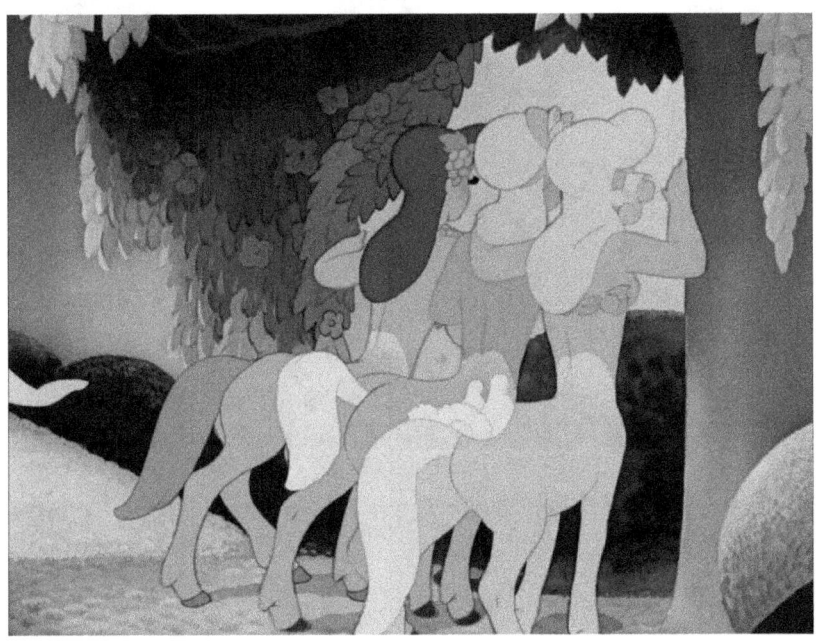

Secuencia inspirada en el Olimpo Griego con la Sexta Sinfonía de Beethoven

La película fue un fracaso de taquilla, los defensores de la alta cultura la consideraron un ultraje a la música mientras que al público general le pareció muy sofisticada.

El filme pudo realizarse gracias a Disney, a sus estudios (Walt Disney Productions) y a su visión sobre la animación. Solo el tiempo le dio el reconocimiento que merecía, y definitivamente es una obra maestra de la imaginación que todos deberíamos ver.

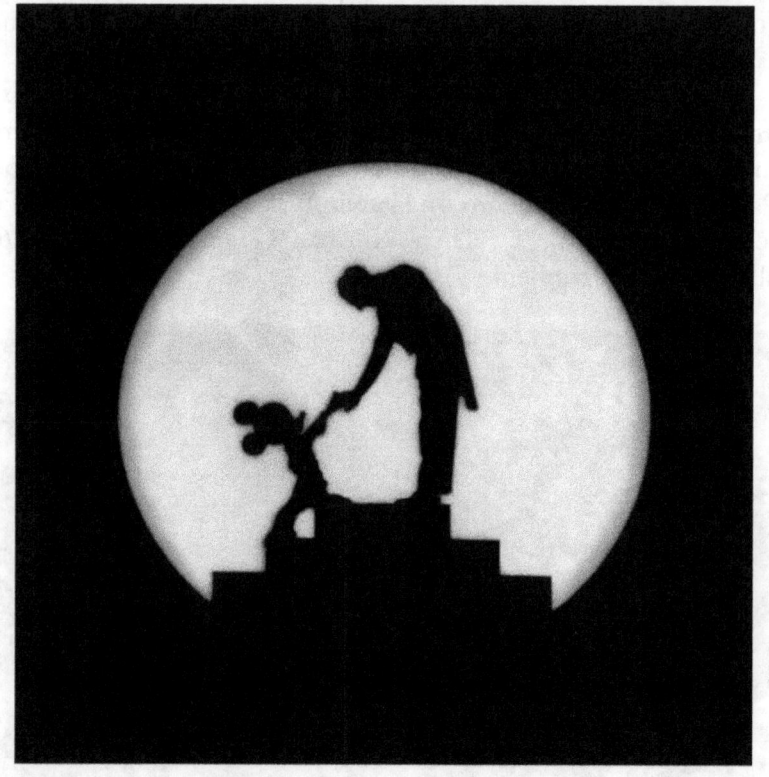

Mickey saluda a Leopold Stokowski

20. CIUDADANO KANE
EE.UU., 1941

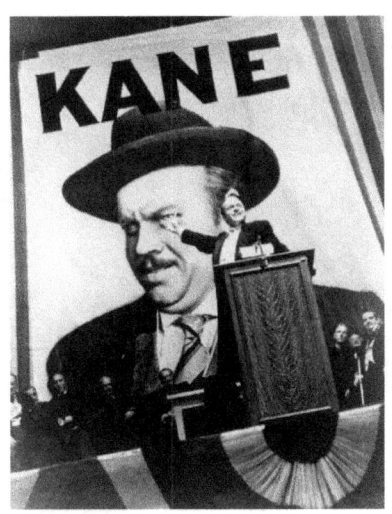

Título original: *Citizen Kane*
Duración: 1 hora, 59 minutos
Dirección: Orson Welles
Guión: Herman J. Mankiewicz y Orson Welles
Género: Drama, misterio
Otros: B/N
Reparto: Orson Welles (Charles Foster Kane), Joseph Cotten (Jedediath Leland), Dorothy Comingore (Susan Alexander Kane), Everett Sloane (Mr. Bernstein), Agnes Moorehead (Mary Kane), Ruth Warrick (Emily Monroe Kane), William Alland (Jerry Thompson)

Aunque los críticos no se han podido poner de acuerdo sobre cuál es la mejor película de todos los tiempos, *Ciudadano Kane* figura con frecuencia entre las mejores. Ganó un Oscar como mejor guión original, el único Oscar ganado por Orson Welles en toda su carrera a excepción del premio honorífico de 1970.

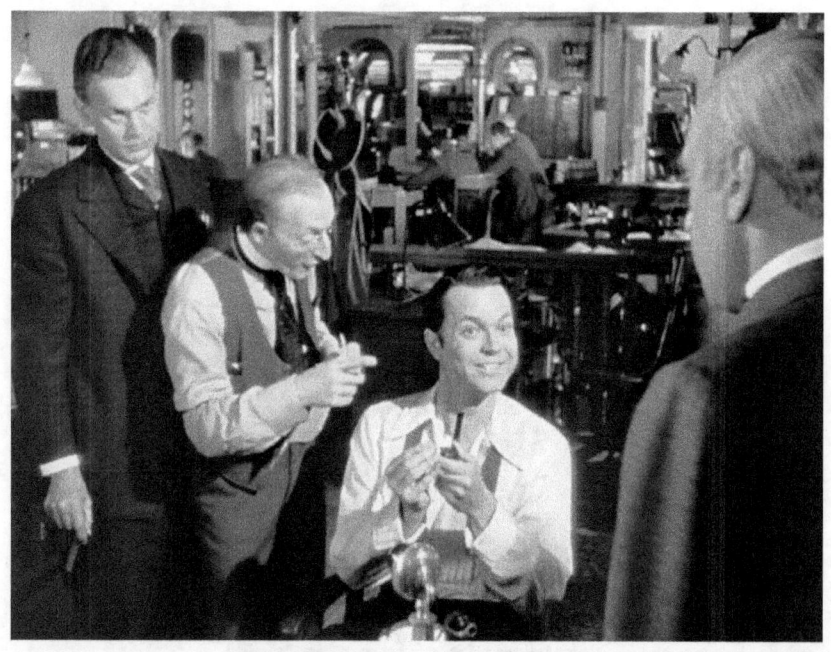

Kane con su equipo de trabajo en los primeros años del "Inquirer"

Welles con apenas 25 años tuvo una oportunidad sin precedentes para realizar esta película en condiciones ideales, a raíz de la interpretación radiofónica que hizo sobre la obra de H. G. Wells, *La guerra de los mundos*, la cual provocó un pánico general entre los oyentes. La RKO le dio un contrato que le permitía total libertad creativa para la producción de un filme que se iba a titular *American*. Más tarde fue rebautizado como *Ciudadano Kane* y estaba inspirado en la vida del magnate de las comunicaciones William Randoph Hearst, quién trató de impedir su proyección por todos los medios. Welles no fue solo coautor del guión sino que además dirigió el largometraje y adicionalmente interpretó el personaje principal.

Es uno de los primeros filmes que se inicia por el final del relato. Dos historias se desarrollan en paralelo a lo largo de la cinta. Una es la búsqueda de información sobre Kane por parte de los reporteros, lo cual ocurre en tiempo presente. La otra es la vida de Kane, que se desarrolla en el pasado.

El magnate de la prensa Charles Foster Kane muere en una habitación del fastuoso castillo de Xanadú. La última palabra que pronunció antes de morir fue "Rosebud" (capullo de rosa).

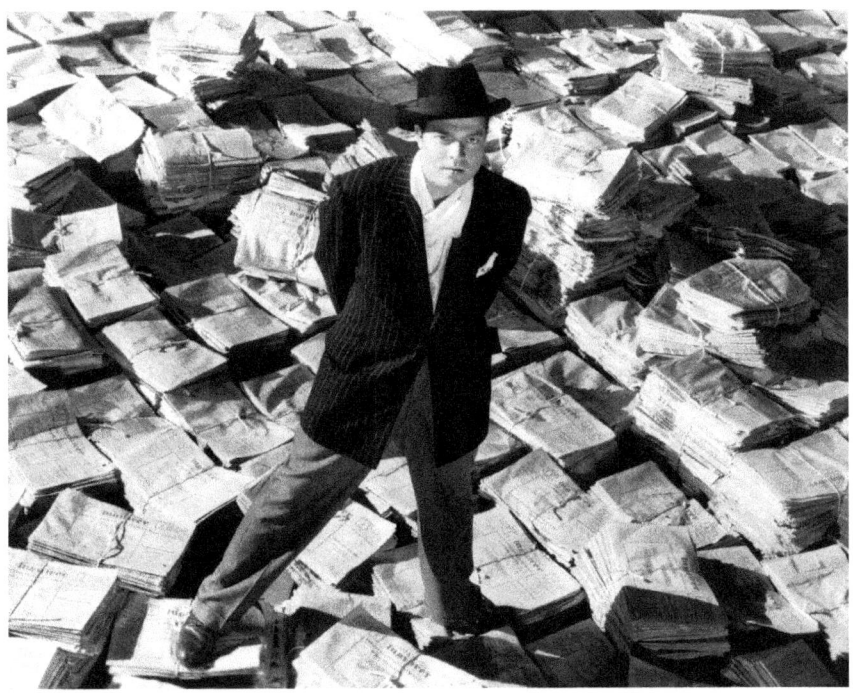

El Inquirer logra cada vez aumentar más la circulación

En la siguiente escena, un grupo de periodistas asiste a la proyección inicial de un reportaje sobre la vida del señor Kane, en el que se narran los hechos más sobresalientes de su vida: apoyó la participación de su país en una guerra y se opuso a su entrada en otro conflicto, hizo elegir a un presidente de los EE.UU., fue querido y odiado por millones de norteamericanos, pronunciaba abiertamente su opinión acerca de todos los acontecimientos importantes.

Cuando el reportaje llega a su fin, el productor no está del todo satisfecho porque siente que   describe lo que Kane hizo pero no explica quién era realmente ese hombre. Piensa que en las últimas palabras que pronunció en su lecho de muerte ("Rosebud"), quizá lo haya revelado todo. ¿A qué se refería Kane con esa palabra? ¿Una mujer? ¿Un lugar? El periodista Jerry Thompson comienza una investigación entrevistando a quienes conocieron a Kane para averiguar el significado de esta palabra.

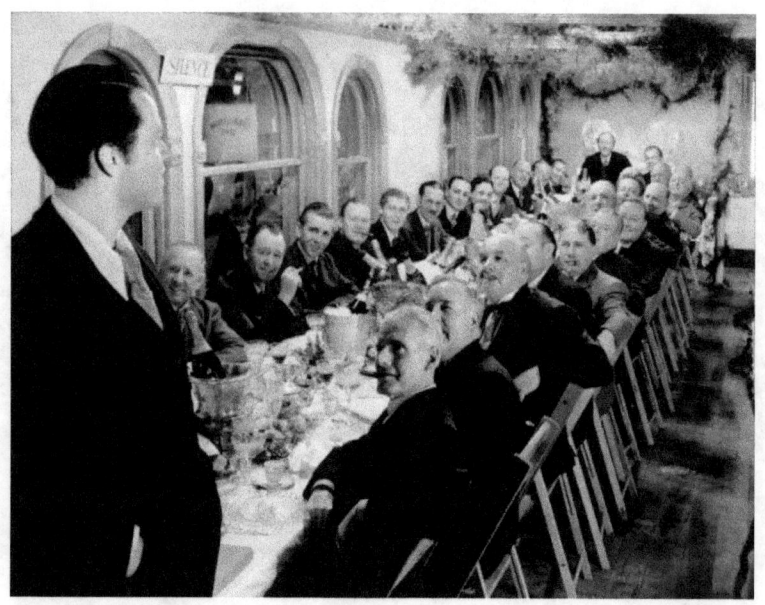

Una celebración del periódico

De esa manera, vamos recorriendo a través de una serie de flashbacks, los acontecimientos y grandes momentos de la vida de este misterioso hombre. Vemos cómo de niño heredó una gran fortuna, luego se convirtió en editor de un periódico y construyó un imperio de los medios; su incursión en la política al lanzarse de candidato a gobernador, sin resultar electo; sus dos matrimonios fracasados; y su desmesurado orgullo que lo llevó a construir el absurdo castillo de Xanadu, en donde morirá solo y amargado. Ya al final observamos una gran caldera en la cual queman los trastos inútiles, y un joven lanza a las llamas un viejo trineo que utilizaba Kane en la nieve cuando niño. Mientras se quema, puede leerse en la madera del trineo la palabra "Rosebud" hasta que desaparece bajo el fuego. Curiosamente, el público descubre lo que significa "Rosebud", pero Thompson, el reportero que realizó la investigación durante toda la película, pasa sin prestarle atención a la hoguera y no se percata de que "Rosebud" es el nombre del trineo. Aparentemente, la época más feliz de Kane fue su niñez.

Hay una anécdota graciosa con esta película. Los amigos de Welles notaron que nadie había escuchado a Kane pronunciar la palabra "Rosebud" al morir porque estaba completamente solo en la habitación. Cuando le preguntaron a Welles, este respondió: "No se lo digan a nadie".

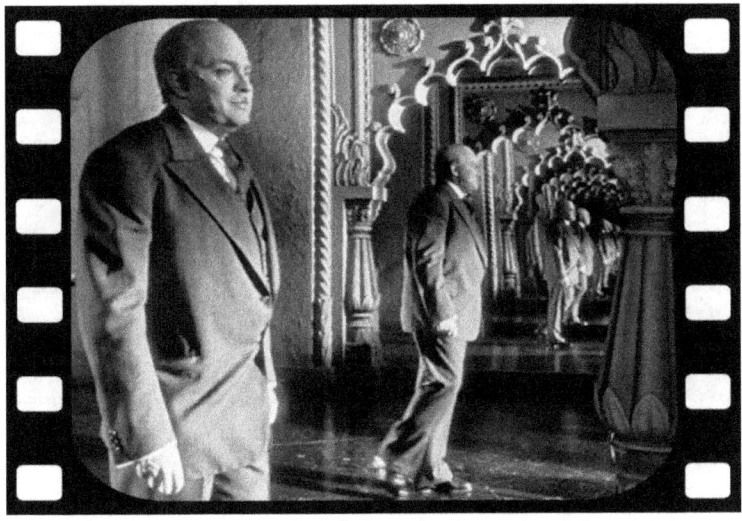

El ciudadano Kane al final de su vida en la mansión Xanadu

Otro detalle curioso es que en la escena del picnic en la selva, casi al final de la película, Welles tuvo que filmar sobre una proyección porque resultaba muy costoso y consumiría mucho tiempo hacerlo en una locación real. La proyección fue tomada de la película *King Kong* (1933). Más tarde al examinar el resultado, observaron que los pájaros que vuelan en el fondo eran pterodáctilos. RKO le pidió a Welles que retirara los pájaros de la escena, pero a él le gustaron y los dejó. No se los pierda la próxima vez que vea el filme.

Hay una secuencia muy interesante que en un par de minutos muestra el deterioro de la relación matrimonial tomando como referencia el momento del desayuno en el transcurrir del tiempo; así vemos cómo la pareja, que al principio es muy amorosa, va alejándose y los comentarios que se hacen son cada vez más mordaces hasta que casi no se dirigen la palabra (véase la fotografía a continuación).

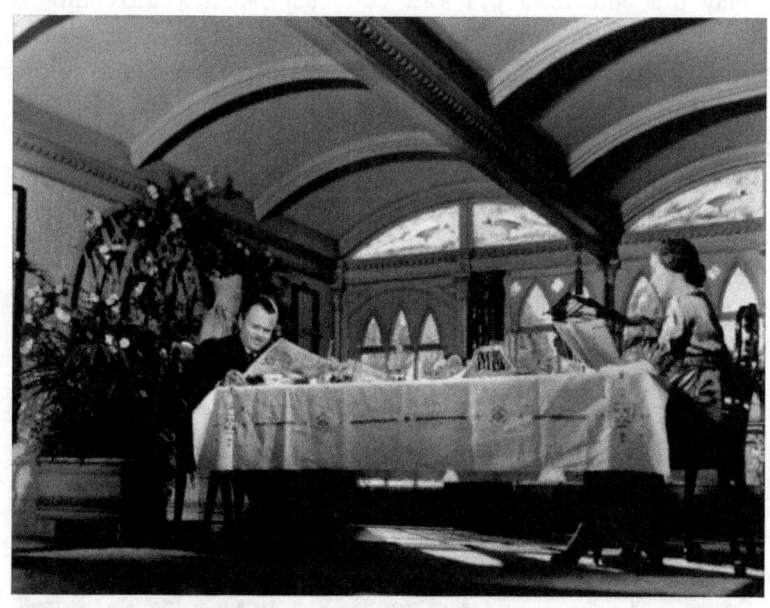

La escena del desayuno

La película marca un antes y un después en la historia del cine. Utilizó los recursos existentes hasta la fecha de una manera espléndida: la iluminación, el claroscuro, la profundidad de campo, la utilización detallada del gran angular y los notables movimientos de la cámara, incluido el uso de grúas. Además de que la historia está contada magistralmente, los actores hacen un trabajo excelente; especialmente Joseph Cotten, en el papel del mejor amigo de Kane, Agnes Moorhead, en el papel de la madre, y por supuesto el propio Welles, que casi se sale de la pantalla. Ciertamente es una película que hay que ver alguna vez en la vida.

21. EL HALCÓN MALTÉS
EE.UU., 1941

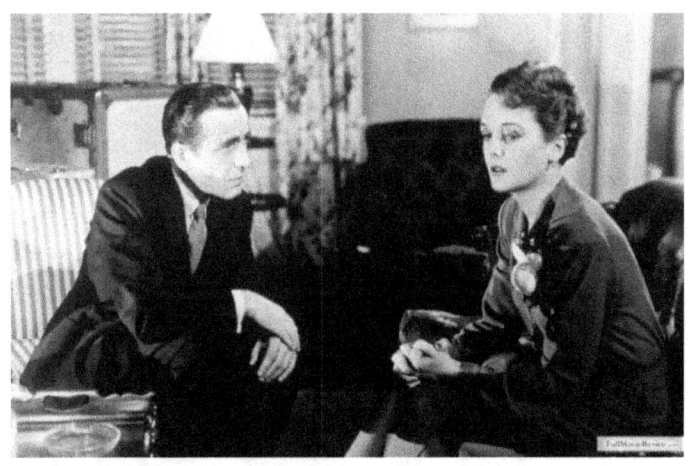

Título original: *The Maltese Falcon*
Duración: 1 hora, 21 minutos
Dirección y guión: John Huston
Género: Crimen, drama, cine negro
Otros: B/N
Reparto: Humphrey Bogart (Sam Spade), Mary Astor (Brigid O´Shaughnessy), Gladys George (Iva Archer), Peter Lorre (Joel Cairo), Barton MacLane (Detective Dundy), Lee Patrick (Effie Perine), Sydney Greenstreet (Kasper Gutman), Ward Bond (Detective Tom Polhaus), Jerome Cowan (Miles Archer)

Esta película se convirtió en una referencia para lo que más tarde se llamaría cine negro[vii] (film noir); un género cinematográfico de definición algo imprecisa, que se desarrolló en los Estados Unidos y tuvo su más fuerte expresión en las décadas de 1940 y 1950. El cine negro clásico se caracterizaba por la iluminación tenebrosa en claroscuro, escenas nocturnas muchas veces en calles de pavimento húmedo y resbaladizo, personajes estereotipados generalmente al margen de la ley, diálogos cínicos e historias basadas en novelas baratas o reportajes periodísticos.

El halcón maltés obtuvo tres nominaciones al Oscar: mejor película, mejor guión adaptado y mejor actor de reparto (Sydney Greenstreet). Con esta joya hizo su debut como director John Huston, quien hasta ese momento había sido guionista durante diez años. Después de esta película dirigió más de cuarenta largometrajes, muchos de ellos excelentes, tales como: *El tesoro de Sierra Madre* (1948), *La reina de África* (1951) y *El hombre que sería rey* (1975).

Con un presupuesto modesto, Huston logró reunir un reparto que sería la envidia de cualquier gran producción, comenzando por el icono de los filmes de detectives y gánsteres, Humphrey Bogart, interpretando al cínico detective Sam Spade. Mary Astor interpreta a la astuta e hipócrita Brigid O'Shaughnessy; Peter Lorre es el elegante ladrón Joel Cairo; y Sydney Greenstreet es el obeso y sereno caza recompensas Kasper Gutman.

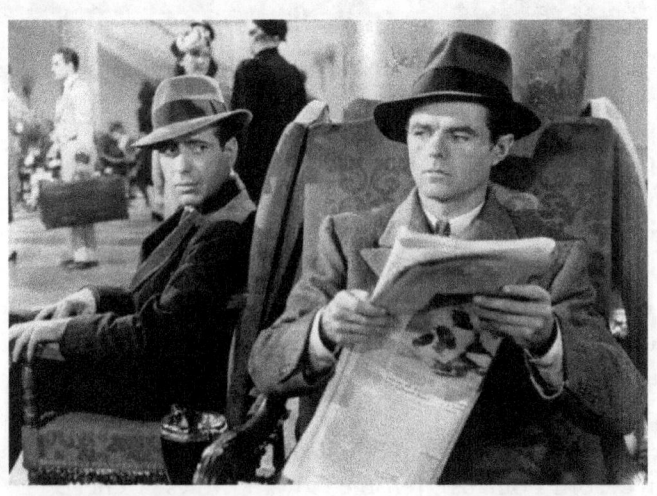

Sam descubre que lo espían en el lobby del hotel Belvedere

La historia está basada en la novela homónima de Dashiell Hammett, la cual ya había sido llevada dos veces a la pantalla sin mucho éxito: en 1931, con el mismo título dirigida por Roy Del Ruth; y en 1936, bajo el título de *Satan Met a Lady* dirigida por William Dieterle.

La película comienza aclarando que en 1593 los caballeros de la Orden de Malta decidieron obsequiar al emperador Carlos V la estatuilla de un halcón, realizada en oro macizo con incrustaciones de piedras preciosas, como retribución por ciertas prerrogativas recibidas del monarca. Esta extraordinaria joya nunca llegó a manos del Emperador porque la galera en la que era transportada fue asaltada por piratas. Cuatrocientos años después, Sam Spade, un detective privado de la ciudad de San Francisco, se ve involucrado con un grupo de maleantes que intenta recuperar la joya.

En la primera escena una elegante y misteriosa dama, la señorita Wonderly, visita las oficinas de Sam Spade para que investiguen el paradero de su hermana, quien supuestamente ha huido con un vividor de origen inglés. La historia que ha contado es totalmente falsa y ella no es la inexistente señorita Wonderly sino la señora O'Shaughnessy (años después, Roman Polanski utilizó esta idea en su obra maestra *Chinatown*, 1974). Esa noche el socio de Sam es asesinado cuando esperaba reunirse con el vividor.

La policía comienza a sospechar que Sam pudiera tener que ver con la muerte de su socio. Sam trata de ubicar a la señorita Wonderly, pero le dicen que ya se retiró del hotel.

Al día siguiente, Sam recibe una llamada de Wonderly, quien le da la dirección donde está viviendo y le pide que se reúna con ella. Sam la interroga, y ella ahora dice que se llama O'Shaughnessy; y así descubre que el asunto de su hermana era mentira. A través de la chica, Sam se ve involucrado con un grupo de maleantes internacionales que intentan conseguir el halcón y son capaces de engañar, robar y hasta matar por tener ese tesoro en sus manos.

La atmósfera es de tensión, perversidad e incertidumbre. Cuando los interrogantes parecen resueltos, todos son traicionados. El final es inolvidable cuando el policía le pregunta a Sam acerca del halcón maltés y este le responde parafraseando a Shakespeare: "¿Este? este es el material del que están hechos los sueños…"

Durante gran parte de la película Sam no tiene la menor idea de lo que está ocurriendo, pero actúa como si lo supiera y como si tuviese la situación bajo control, lo cual realmente ocurre hacia el final, y eso le da cierto encanto al personaje.

Los indicios de homosexualidad de Cairo, Wilmer y Gutman son mostrados por Huston con extrema cautela ante una sociedad no acostumbrada a tales planteamientos en la pantalla.

No se pierda un error de continuidad en la escena en la que están reunidos Sam, O'Shaughnessy y Cairo en el apartamento (minuto 43). Cairo enciende un fósforo con la mano izquierda y enseguida aparece en su mano derecha.

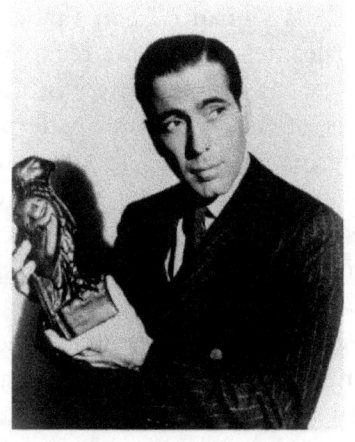

Sam con el halcón en las manos

La música de Adolph Deutsch ofrece temas excelentes que se adaptan perfectamente e incluso realzan el oscuro matiz que exhibe el filme.

Originalmente el papel del protagonista fue ofrecido a George Ralf (*Con faldas y a lo loco*, 1959), pero lo rechazó porque no confiaba en un director novato como Huston, por lo que el papel recayó en el menos exigente Bogart. Seguramente Ralf debió arrepentirse de haber rechazado esa oportunidad.

El Halcón Maltés se ha convertido en una película de culto para todos los cinéfilos y se considera que marca el inicio del cine negro.

22. CASABLANCA
EE.UU., 1942

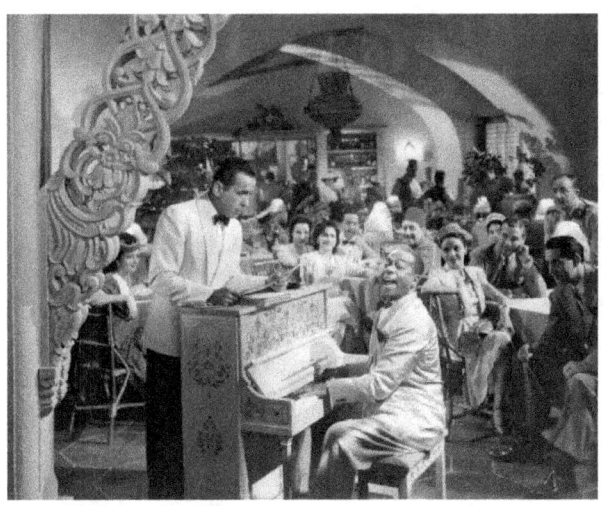

Título original: *Casablanca*
Duración: 1 hora, 42 minutos
Dirección: Michael Curtiz
Guión: Julius Epstein, Philip Epstein y Howard Kock
Género: Drama, romántico, bélico
Otros: B/N
Reparto: Humprey Bogart (Rick Blaine), Ingrid Bergman (Ilsa Lund), Paul Henreid (Victor Laszlo), Claude Rains (Capitán Renault), Peter Lorre (Ugarte), Dooley Wilson (Sam), Conrad Veidt (Mayor Strasser)

Puede que existan muchas películas mejor logradas que *Casablanca*. Hay obras maestras y grandes producciones que técnicamente la superan, pero a la hora de mencionar las películas que han cautivado al espectador, *Casablanca* siempre aparece en los primeros lugares. Han pasado más de 70 años de su estreno y continúa llamando la atención de entendidos y aficionados. Ganó tres premios Oscar: mejor película, mejor guión y mejor director.

Casablanca está basada en una mediocre obra de teatro que nunca llegó a estrenarse porque no despertó ningún interés. El título era *Todos vienen al café de Rick*, escrita por el dramaturgo Murray Burnet. Durante el rodaje de la película no se sabía cuál sería el final de la historia porque el guión se hacía sobre la marcha. ¿Se quedaría Ilza con su marido Victor Laszlo o con Rick? Nadie lo sabía, hubo que esperar hasta el final para conocer la respuesta. Incluso el día del rodaje de la escena en el aeropuerto, Bergman aún no sabía el final.

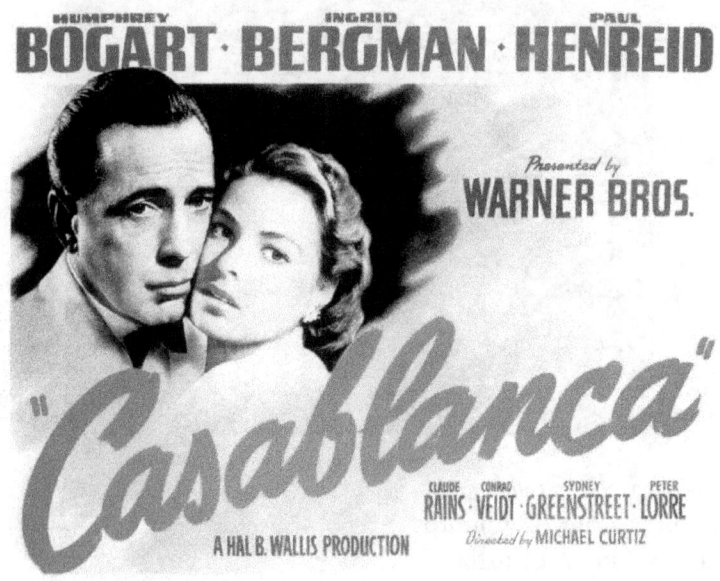

Afiche publicitario de la película

Inicialmente se pensó en darle el papel principal a Ronald Reagan, quien 38 años después llegaría a ser presidente de los EE.UU. Al final se le dio a Humphrey Bogart, quien representó a la perfección su rol de hombre duro pero sentimental cuando debía serlo. Por cierto, Bogart no estaba muy entusiasmado con el papel. En una ocasión durante la filmación, dijo que era la peor película en la que había actuado aunque luego quedó sorprendido al ver el éxito de la cinta. Es casi imposible imaginar a otra persona en el papel de Rick Blaine como protagonista de la película.

Fue totalmente rodada en estudios de Hollywood excepto la secuencia que muestra la llegada del mayor alemán Strasser (Conrad Veidt), la cual se realizó en el aeropuerto Van Nuys, en Los Ángeles. Muchos turistas creían que se había filmado en Marruecos y buscaban allí el inexistente Café de Rick o el Blue Parrot para tomarse un trago y una fotografía. Posteriormente, el municipio construyó los dos bares frente a la plaza para satisfacerlos.

Casablanca es una clásica historia de amor ambientada en la ciudad del mismo nombre al norte de África, en plena Segunda Guerra Mundial, donde Ilsa se debate entre el amor de dos hombres: Rick Blaine y su marido Victor Laszlo.

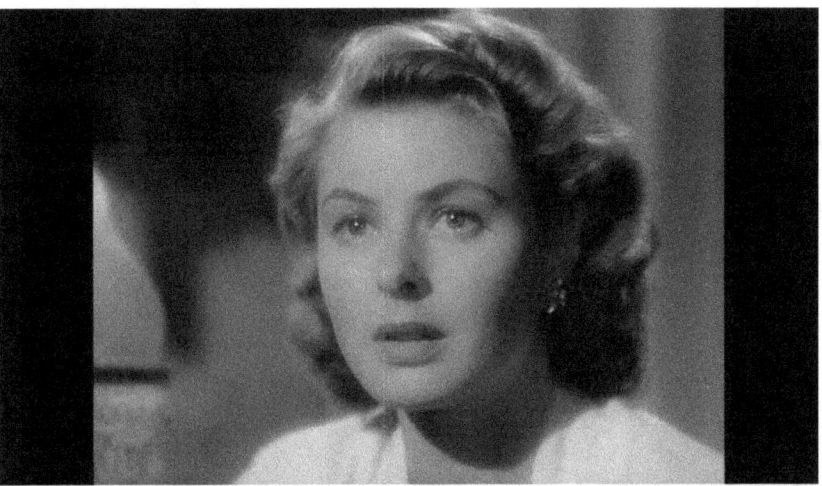

La famosa mirada de Ingrid Bergman que ninguna actriz ha logrado igualar

Rick Blaine es un cínico y solitario estadounidense que no puede regresar a su país (no se sabe por qué) y administra el "Café de Rick", el local nocturno más popular de la ciudad. Los refugiados europeos de la Segunda Guerra Mundial, que huyen de los alemanes, necesitan llegar a Casablanca para conseguir la visa que los lleve a los Estados Unidos.

Una noche ocurre un acontecimiento que va a transformar la vida de Rick: llega Ilsa al café en compañía de su esposo. En un momento en que está sola porque su esposo va a conversar con alguien sobre las visas, Ilsa saluda a Sam, el pianista del local y compañero inseparable de Rick. Ella le pide que toque *As Time Goes By*. Inicialmente Sam rehúsa tocar esa pieza, pero ante la insistencia de Ilsa termina complaciéndola. En ese momento Rick se acerca a paso rápido visiblemente molesto y le dice rudamente a Sam: "Te dije que nunca tocaras esa canción". Sam señala con un expresivo movimiento de sus ojos la presencia de Ilsa. Es entonces cuando se produce uno de los momentos más conmovedores del cine, los ojos humedecidos por las lágrimas de la bellísima Ingrid Bergman miran con intensa tristeza y dolor a los de Bogard, quien está literalmente petrificado[3]. Antes de que puedan decirse alguna palabra son interrumpidos por Renault, el capitán de la policía, quien viene acompañado de Victor e intenta presentarlos, pero se da cuenta de que ya se conocen.

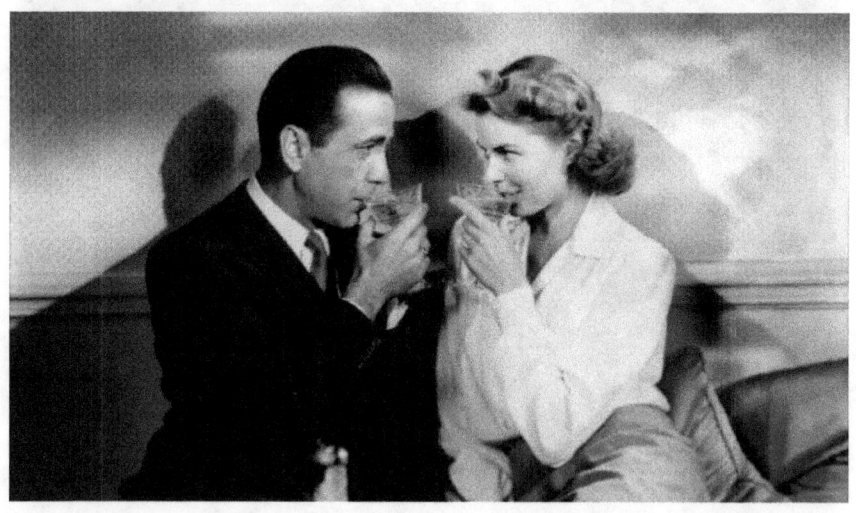

Los protagonistas brindan en París antes de la ocupación alemana

---

[3] Ver: librospeliculas.blogspot.com/2012/12/el-piano-de-casablanca.html

A partir de ese encuentro, Rick deberá escoger entre su amada Ilsa o hacer lo correcto: ayudarla a escapar junto a su esposo, uno de los principales líderes de la resistencia, para que pueda seguir luchando contra los nazis.

Además de ser una historia de amor, *Casablanca* es una película política, como lo demuestra la presencia nazi con sus atropellos, la actitud servil de los italianos, los franceses en cierta medida confiables y los héroes estadounidenses (porque ellos hicieron la película). Una de las escenas donde se manifiesta la tensión política, y también una de las más emotivas, es cuando Lazlo entona orgulloso *La Marsellesa* silenciando el cántico patriótico del grupo alemán en el Café de Rick. En esa época, *La Marsellesa* estaba prohibida en la Francia ocupada y era considerada como un elemento de resistencia a la invasión alemana y al gobierno colaboracionista de Vichy.

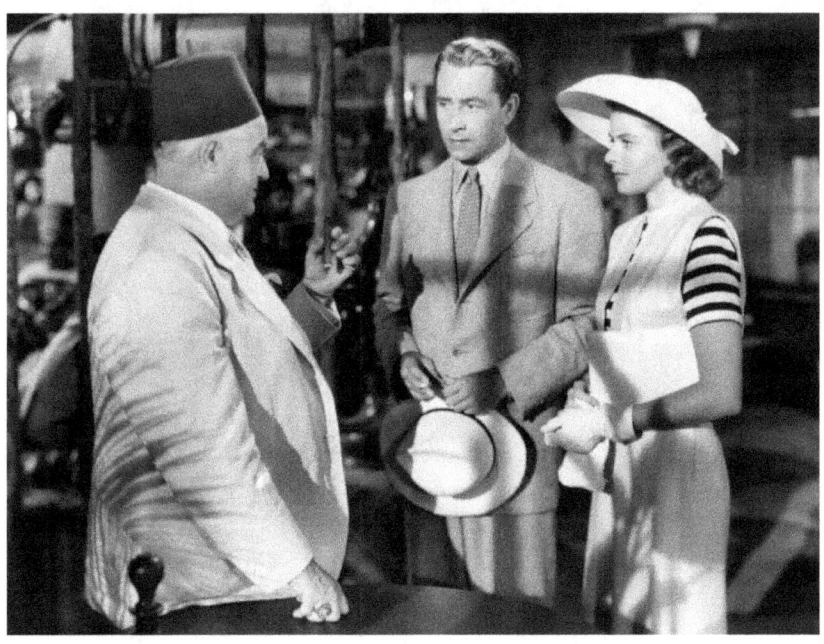

Lazlo y su esposa reunidos con el señor Ferrari

Los amantes de los errores no dejen de observar la escena de la estación del tren en París, cuando Rick recibe la nota de Ilsa y al leerla, la fuerte lluvia borra la tinta del papel. Los impermeables de

Rick y Sam estaban empapados. Inmediatamente al subir al tren, los impermeables están totalmente secos.

En cuanto al pianista de la película, en la vida real Dooley Wilson no tocaba piano; era el baterista de una banda que había recorrido Europa en la década de 1920.

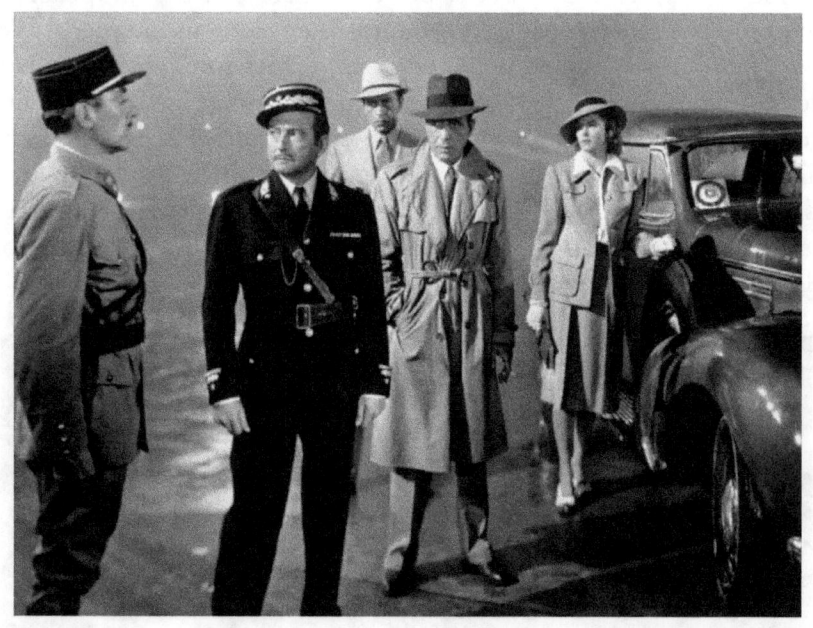

Lazlo y su esposa se preparan a abandonar Casablanca

Por donde se mire *Casablanca* es una película extraordinaria: el guión, la iluminación, la música, el montaje y hasta el vestuario. Pero sobre todo, tiene un ingrediente subjetivo no cinematográfico, característico de esas grandes obras, que es tocar la fibra sensible del espectador. El tema musical de la película *As Time Goes By*, al igual que frases como: "Este es el comienzo de una gran amistad" o "Siempre nos quedará París", forman parte de la historia del cine.

23. PERDICIÓN
EE.UU., 1944

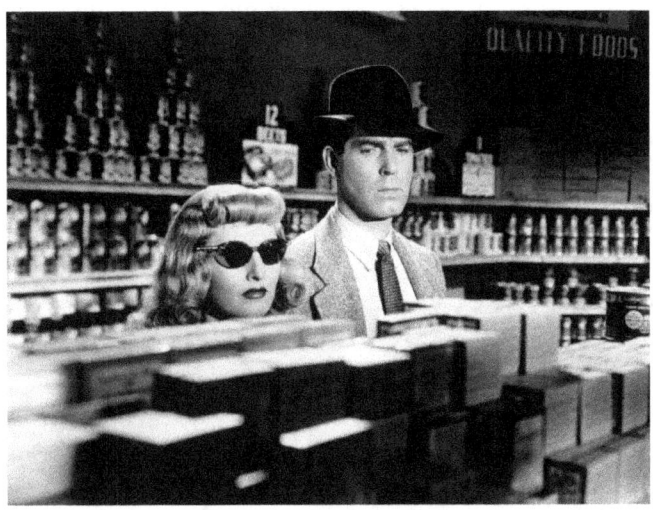

Título original: *Double Indemnity*
Duración: 1 hora, 47 minutos
Dirección: Billy Wilder
Guión: Billy Wilder y Raymond Chandler
Género: Crimen, drama, cine negro
Otros: B/N
Reparto: Fred MacMurray (Walter Neff), Barbara Stanwyck (Phyllis Dietrichson), Edward G. Robinson (Barton Keyes), Porter Hall (Sr. Jackson), Jean Heather (Lola Dietrichson), Tom Powers (Sr. Dietrichson)

Quizás este sea el filme más negro del cine negro. También se conoce como *Pacto de sangre*. Tuvo siete nominaciones al Oscar. Está basado en la novela homónima de James M. Cain, inspirada en un asesinato de la vida real cometido en marzo de 1927 en Nueva York.

El guión tuvo que enfrentar las exigencias de la censura ante el relato original en el que los protagonistas burlaban la ley y no eran castigados, además de la relación adúltera que mantenían, lo cual era totalmente inmoral, y por si fuera poco, el filme explicaba en detalle cómo cometer un asesinato; por todas estas razones decidieron cambiar el final haciendo que el asesino muriese ejecutado en la cámara de gas.

Wilder recurre al mundo de las grandes compañías de seguros con sus vendedores y ascensoristas como lo hará de nuevo en *El apartamento* (1960) y *En bandeja de plata* (1966), ambas con Jack Lemmon.

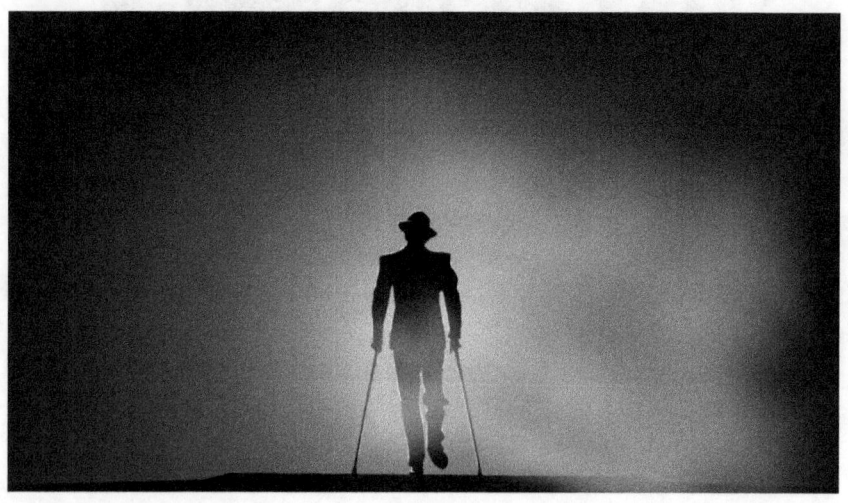

Walter Neff llega a la oficina para realizar la confesión

La historia se ubica en la ciudad de Los Ángeles en el año 1938. Walter Neff, un "honrado" vendedor de seguros soltero, llega de noche a las oficinas desiertas de la compañía donde trabaja y comienza a grabar una confesión para su jefe Barton Keyes, experto en detectar fraudes, en la que declara ser el asesino del señor Dietrichson y haber estafado a su propia compañía. Explica por qué lo hizo: "*Lo maté por dinero y por una mujer. Ni conseguí el dinero y tampoco a la mujer. Estupendo, ¿verdad?*"

La grabación de Walter da inicio a un *flashback* que muestra cuando él visitó la casa de los Dietrichson para conseguir que su cliente renovase el seguro de los vehículos. El señor Dietrichson (nunca se menciona su primer nombre) no se encuentra en casa, pero sí está su mujer Phyllis que aparece en lo alto de la escalera cubierta solamente por una toalla. Walter se siente atraído por la dama, que mantiene una actitud ambigua ante los avances del agente de seguros.

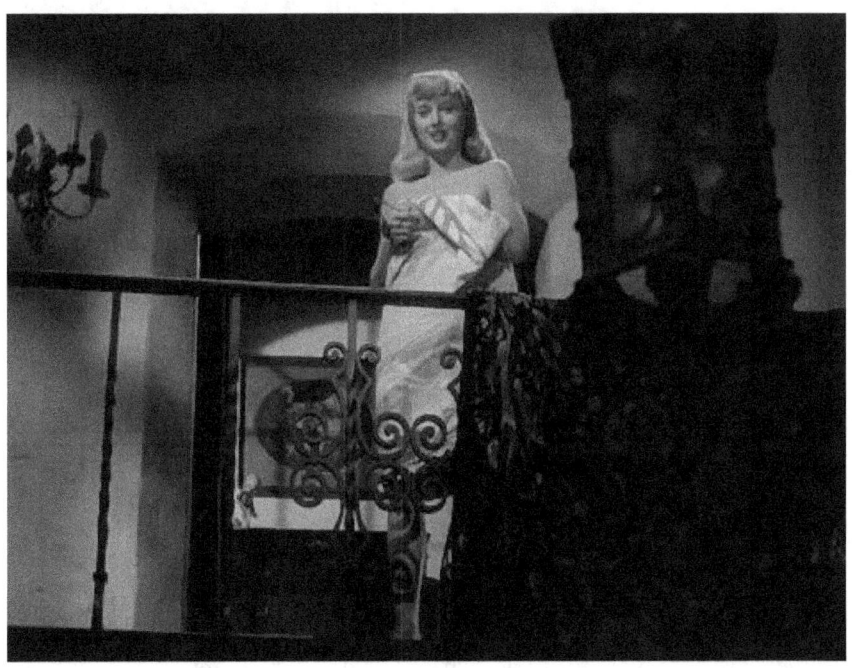

La señora Dietrichson sale cubierta con una toalla y le dice a Neff que la espere un momento mientras se viste

Luego de otros encuentros cada vez más insinuantes, se convierten en amantes en medio de una insana relación de amor, odio, dominio y sumisión. La chica le plantea lo conveniente que resultaría para ambos si su marido muriese en un "accidente", pues así quedarían libres para estar juntos y podrían cobrar doble indemnización al seguro por una póliza de accidentes personales. Pero claro, siempre es más difícil ejecutar el crimen que planificarlo.

Hay una segunda historia amorosa que tampoco estaba en el relato original: Walter se siente atraído por Lola, la hijastra de Phyllis, lo que acentúa sus remordimientos y al mismo tiempo introduce incomodidades en la relación de Walter y Phyllis.

Al final queda la sensación de que los verdaderos motivos que esconde el perverso comportamiento de los dos protagonistas no son del todo explicados, pero este es quizás uno de los atractivos más poderoso de la película.

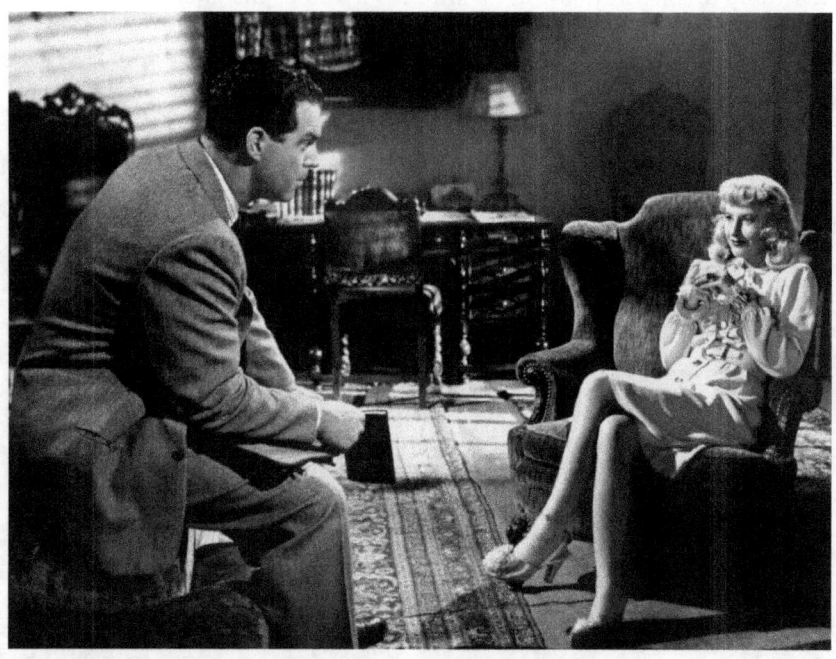

Primera visita de Neff a los Dietrichson. Le es difícil no mirar la cadena que tiene Phyllis en el tobillo

La actuación de Barbara Stanwyck es probablemente el mejor papel de su carrera como pérfida mujer fatal, con una agradable combinación de sensualidad, seducción y una asombrosa frialdad. Igualmente extraordinaria es la actuación de Fred MacMurray como un agente de seguros, banal y limitado, capaz de alternar una sonrisa bobalicona con la más despiadada mirada. Aunque *M, el vampiro de Dusseldorf* (Fritz Lang, 1931) y *El halcón maltés* (John Huston, 1941) fueron los predecesores visuales de este género, *Perdición* sentó las bases y el estilo característico del cine negro.

Los amantes de curiosidades no dejen de observar la escena donde Walter y Phyllis se besan por primera vez. Recuerden que Walter es soltero, pero en esa escena MacMurray olvidó quitarse su verdadero anillo de matrimonio, el cual utilizaba siempre en la vida real y no lo notaron hasta la posproducción.

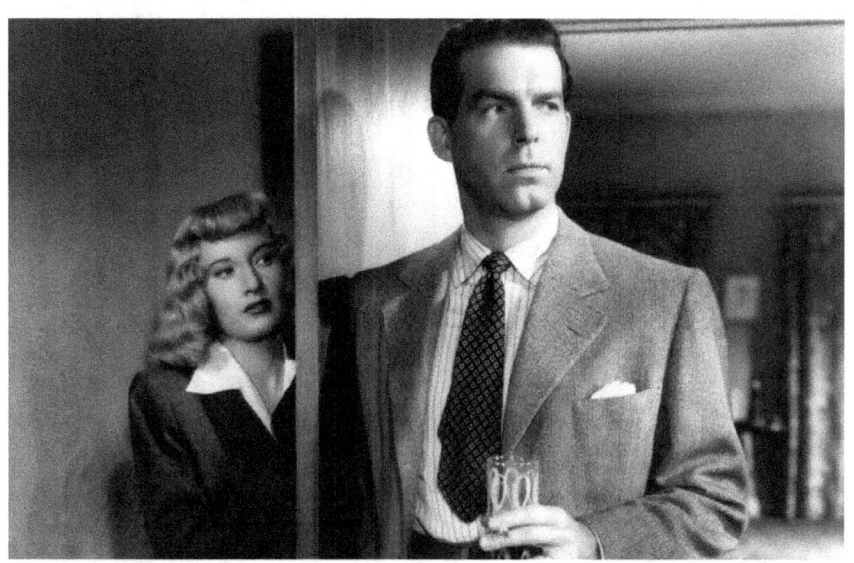

Phyllis se esconde detrás de la puerta mientras el jefe de Neff se marcha

Otra curiosidad es que la puerta del apartamento de Walter abre hacia fuera en lugar de abrir hacia dentro, en franca violación de las normas de seguridad de Los Ángeles (véase la fotografía superior). Fue una licencia artística que se tomó el director para poder incluir la escena crucial donde Phillys está oculta detrás de la puerta y solo los espectadores puedan verla.

En 1970, los estudios Paramount habían planificado hacer el *remake* con Robert Redford en el rol que desempeñó Fred MacMurray, pero el proyecto no se materializó

Perdición obtuvo de inmediato la aclamación de la crítica y del público. Es un filme recomendado para todo amante del cine y no solo para los seguidores del cine negro.

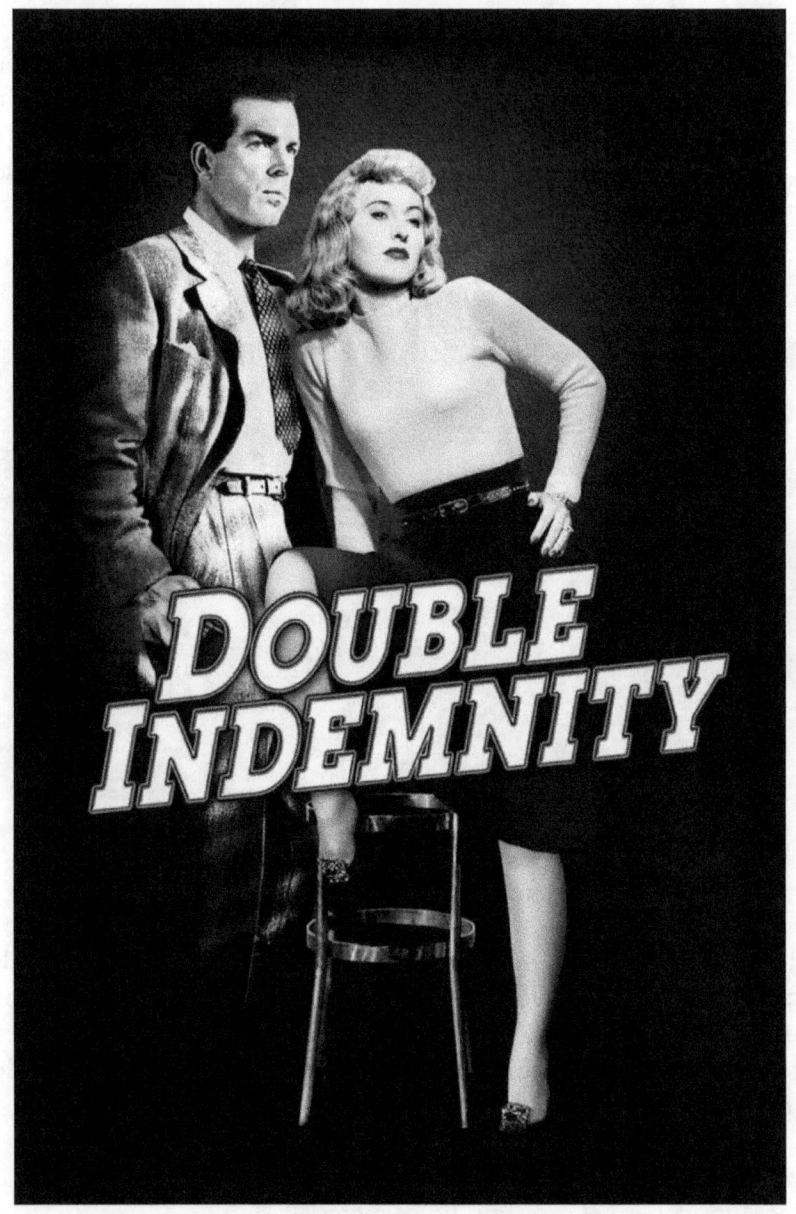

Afiche publicitario

24. ROMA, CIUDAD ABIERTA
Italia, 1945

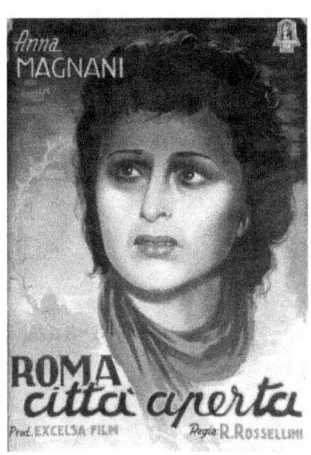

Título original: *Roma, citta aperta*
Duración: 1 hora, 40 minutos
Dirección: Roberto Rossellini
Guión: Sergio Amidei y Federico Fellini
Género: Drama, bélico
Otros: B/N
Reparto: Aldo Fabrizi (Don Pietro Pellegrini), Anna Magnani (Pina), Marcello Paglero (Giorgo Manfredi), Vito Annichiarico (Marcelo), Nando Bruno (Agostino), Harry Feist (Mayor Bergmann), Giovanna Galleti (Ingrid), Francesco Grandjacquet (Francesco)

Al finalizar la Segunda Guerra Mundial, surgió en Italia un movimiento cinematográfico que se convertiría en uno de los más importantes e influyentes en la historia del cine. Se caracterizó por representar la vida diaria, usualmente con personajes de la calle en lugar de actores profesionales. Parece difícil que en un país devastado por la guerra, como estaba Italia en 1945, se pudiera producir cine, una expresión artística que normalmente requiere inmensos recursos. La falta de medios y de estudios cinematográficos, obligó a filmar en las calles, a utilizar escenarios auténticos y a emplear actores no profesionales. Además, como reacción a la poca calidad de las películas de la época, algunos críticos consideraban que el cine debía dirigirse hacia los escritores realistas de comienzos del siglo XX. Este movimiento cinematográfico se conoce como neorrealismo italiano[viii] y adquirió resonancia mundial con *Roma, ciudad abierta*, considerada la primera gran película realizada en la Italia de posguerra.

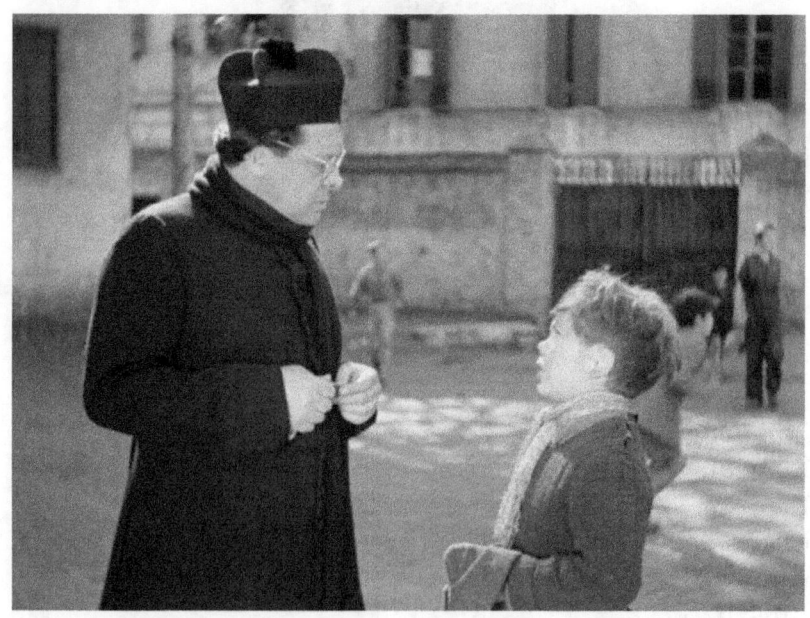

El padre Pietro recibe un mensaje de la resistencia a través del niño

En *Roma, Ciudad abierta*, a excepción de Anna Magnani y Aldo Fabrizi, los actores no son profesionales. Muchos de los rodajes fueron realizados en locaciones devastadas de la ciudad. Rossellini utilizó verdaderos prisioneros de guerra alemanes para acentuar el realismo de la cinta. Fue la primera película italiana importante después de la guerra.

La historia se sitúa en Roma en 1944, al final de la ocupación nazi, y se inspira en hechos verídicos del sacerdote Luigi Morosini, quien fue torturado y asesinado por los alemanes al acusarlo de ayudar a la resistencia. La película ganó el Gran Premio en el Festival de Cannes y tuvo una nominación al Oscar como mejor guión. El rodaje comenzó en enero de 1945, tan solo unos meses después de terminada la guerra, en los decorados naturales de la ciudad en ruinas.

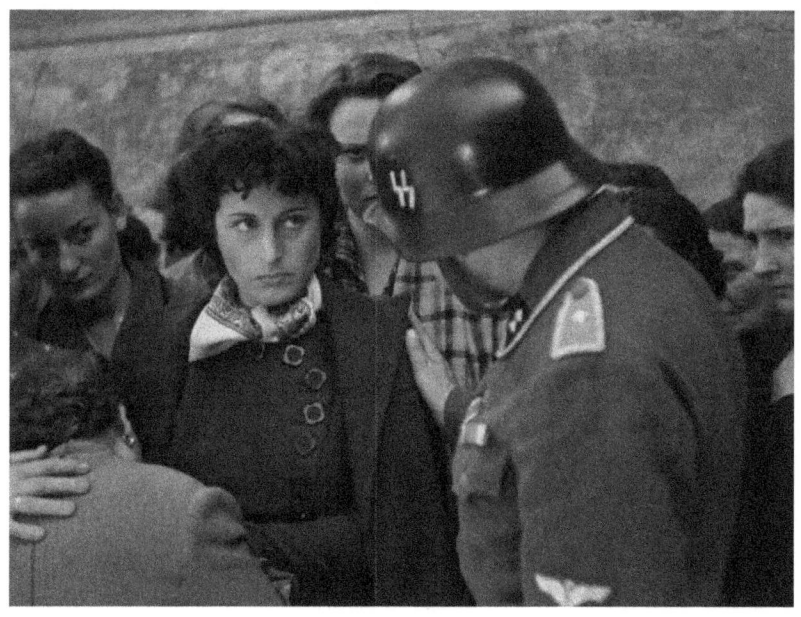

Pina es acosada por un soldado nazi

El ingeniero Manfredi, uno de los líderes de la resistencia italiana, se ve obligado a huir de su casa cuando los alemanes van a buscarlo. Logra refugiarse temporalmente en casa de Francesco, un tipógrafo de un periódico de la resistencia. Allí Manfredi conoce a Pina, la prometida de Francesco. Ellos tienen planeado casarse el día siguiente. Pina es viuda, tiene un hijo de ocho años y está embarazada. Una de las escenas más dramáticas del filme es cuando la policía arresta a Francesco y Pina corre desesperada tras el camión que se lo lleva, pero un soldado le dispara una ráfaga de ametralladora acabando con su vida ante la mirada desconsolada de su hijo (véase la fotografía más abajo). Este se lanza sobre el cadáver de su madre y es el padre Pietro quien tiene que apartarle. La escena es un prodigio del montaje y del aprovechamiento del poco celuloide disponible; la carrera de Pina está rodada con dos cámaras: una en el camión que se lleva a los hombres y otra enfrente del portal de la casa. Ambas contienen la misma porción de la carrera, unos tres segundos. El montaje coloca primero la toma desde el camión y enseguida la otra dando la impresión de que es la continuación de la carrera.

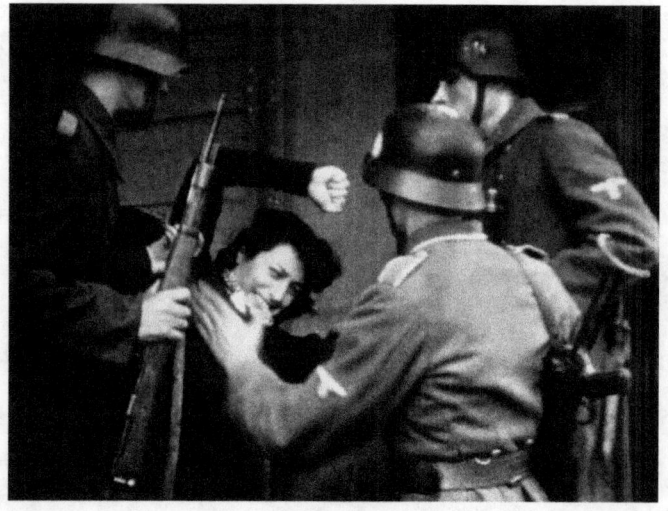

Pina intenta liberarse de los guardia nazis al ver que llevan a Manfredi detenido

Luego el padre Pietro y Manfredi también son arrestados, traicionados por la ex amante de este último. Luego son torturados para que confiesen los nombres de sus compañeros de la resistencia y posteriormente son asesinados. Las escenas de las torturas están mostradas de un modo tan artístico que el espectador es capaz de soportar las secuencias, a pesar de que la manera surrealista en que son presentadas intensifican todavía más su efecto.

El director era partidario de "la primera toma" porque pensaba que la segunda no tenía la validez de la primera y quizá también por la escasez de celuloide en esa época.

A pesar de que *Roma, Ciudad abierta* es considerada uno de los filmes precursores de neorrealismo italiano, hay elementos imprecisos en esta cinta. Muchas partes de la película se orientan hacia la comedia o lo burlesco. Por ejemplo: durante una redada, Don Pietro esconde una bomba en la cama donde está el abuelo dormido. El abuelo entra en pánico cuando despierta y ve al sacerdote porque cree que vino a darle la extrema unción y que su fin está cerca: "Estoy bien, estoy muy bien", asegura una y otra vez, hasta que Don Pietro se ve obligado a callarlo con un golpe de sartén en la cabeza para evitar que los nazis lo descubran.

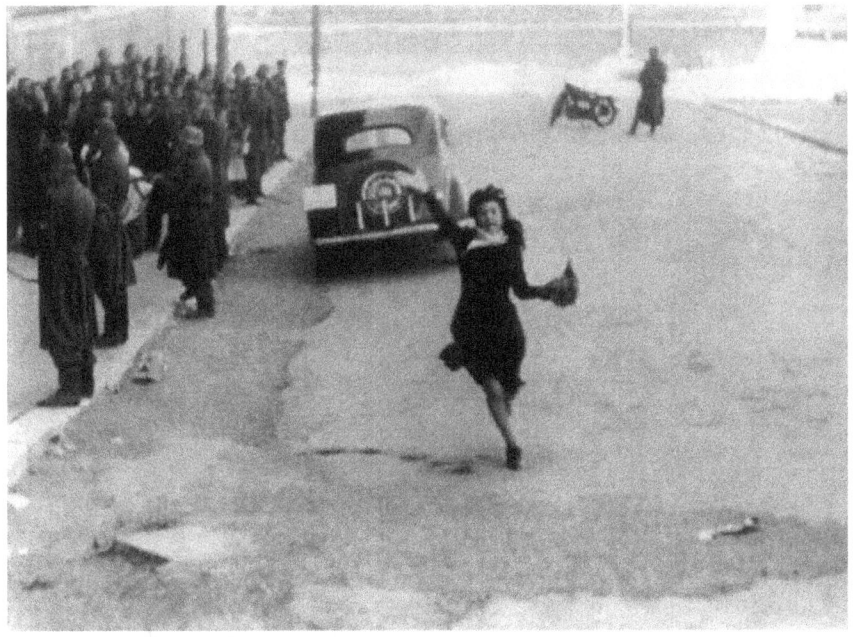

Pina corre hacia el camión donde se llevan a su marido, justo antes de que le disparen

La película fue censurada desde su lanzamiento. Muchos la consideraron una proclama subversiva y escandalosa. No solo por la dureza de algunas de sus imágenes, como el asesinato de Pina o la tortura de Giorgio, sino también por atreverse a tocar temas considerados tabú en esa época, como la homosexualidad y la drogadicción. En Alemania estuvo prohibida hasta 1960. En los

Estados Unidos le cortaron muchas escenas. En Argentina fue retirada de exhibición por una orden anónima del gobierno. En España estuvo prohibida durante el Franquismo.

Rossellini quiso mirar la realidad desde el punto de vista más cercano a la verdad, con un toque documental. El filme muestra lo que sucede sin dar ningún veredicto moral sobre las actuaciones de los protagonistas, lo que contribuye a la grandeza de esta obra realista que trata sobre el miedo, el coraje, la integridad y la esperanza. Es una auténtica obra maestra de extraordinario realismo acerca de la supervivencia, la búsqueda de la libertad y la lucha eterna entre el bien y el mal.

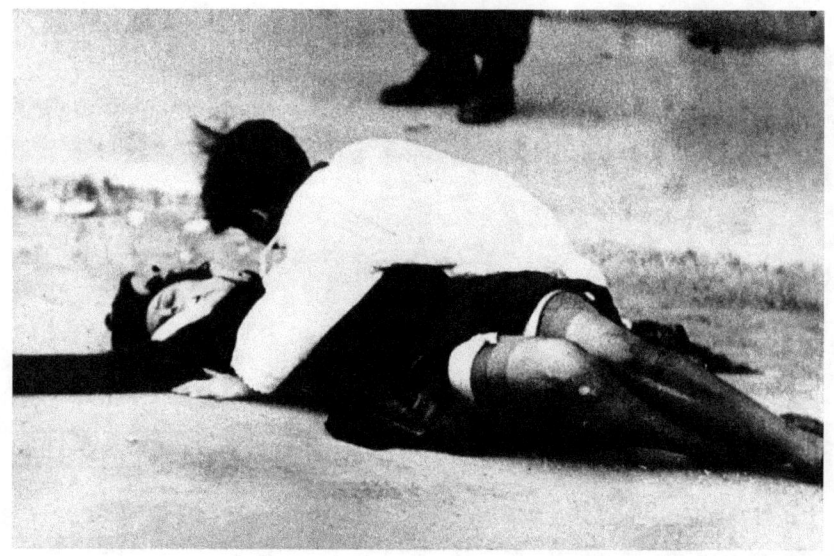

Pina es asesinada por los soldados nazis ante la presencia de su hijo

25. BREVE ENCUENTRO
Inglaterra, 1945

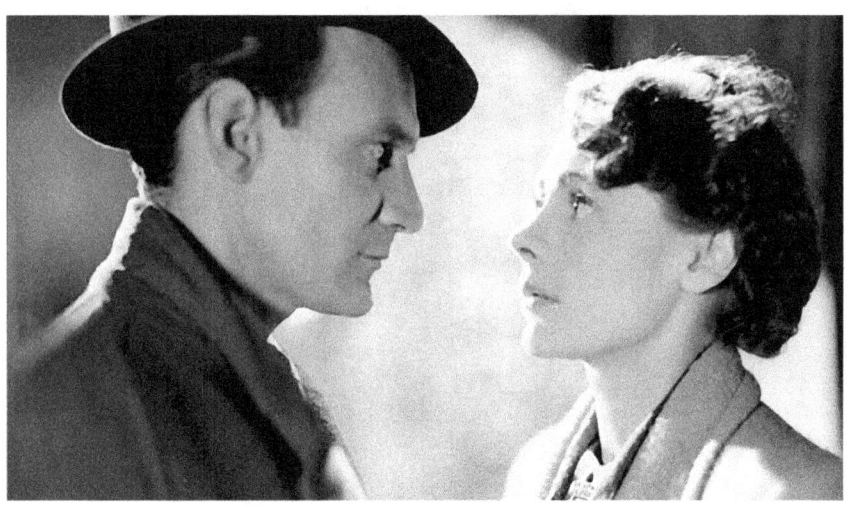

Título original: *Brief Encounter*
Duración: 1 hora, 26 minutos
Dirección: David Lean
Guión: Sin créditos
Género: Romántico, drama
Otros: B/N
Reparto: Celia Johnson (Laura Jesson), Trevor Howard (Dr. Alec Harvey), Stanley Holloway (Albert Godby) y Cyrill Raymond (Fred Jesson)

El Festival de Cannes se originó como la respuesta francesa ante la interferencia del gobierno fascista de Mussolini en Italia y su aliado alemán en la selección de las películas ganadoras en el Festival de Venecia, el cual había sido el más prestigioso del mundo hasta que las rivalidades nacionalistas lo fueron alejando de la objetividad en la selección de las películas ganadoras. Todos pensaban que el gran premio de 1938 en Venecia se lo llevaría el muy buen filme *La gran ilusión* del francés Jean Renoir, pero las seleccionadas fueron *Olympia*, un buen documental con fines de propaganda política acerca de los juegos Olímpicos celebrados en Berlín, de la directora Leni Riefenstahl; y la mediocre película italiana *Pilota*, de Luciano Serra, hoy casi olvidada.

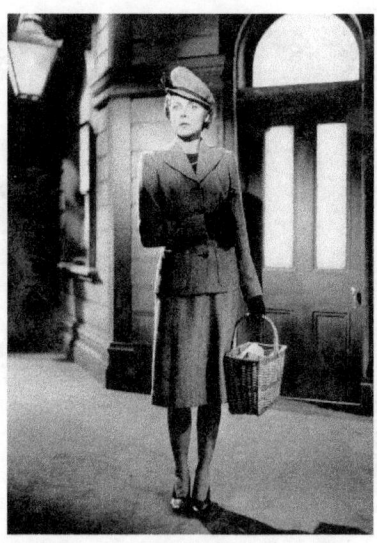

Laura Jesson, una mujer común

Indignados por ese hecho, un grupo de cineastas y críticos franceses solicitaron a su gobierno que financiara los gastos de un festival internacional de cine en Francia, donde las películas pudieran competir sin sesgos políticos. Se escogió la ciudad de Cannes en la Costa Azul como sede y finalmente el 1° de septiembre de 1939 se inauguró el Festival Internacional del Filme, que inesperadamente tuvo que ser cancelado el día siguiente porque los alemanes invadieron Polonia y se inició la Segunda Guerra Mundial.

Dos años después de terminada la guerra, en septiembre de 1947, se celebró la primera edición del festival y la película ganadora fue precisamente *Breve encuentro*. Además, David Lean fue el primer director británico nominado al Oscar con la que fuera su quinta película. Con esta introducción creo que los lectores estarán interesados en conocer más acerca de este extraordinario filme.

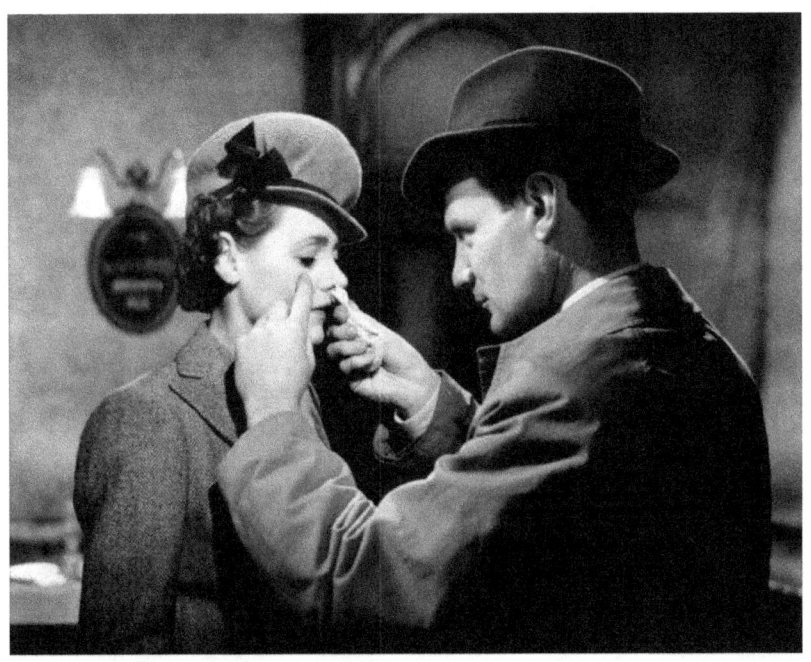

Alec le retira la basura del ojo a Laura

Breve encuentro es una adaptación de la pieza de teatro en un acto *Still Life* (1936) de Noel Coward. Lean utiliza un flashback narrado en la voz de la protagonista Laura, una mujer de unos 35 años, casada y con una hija, en una especie de monólogo interior con el que supuestamente intenta confesar su romance al marido.

Es la historia de un amor casual entre dos personas maduras, casadas, que viven en la Inglaterra aun socialmente represiva de finales de la primera mitad del siglo XX. La acción dura unos ocho meses y gran parte se desarrolla en el bar ficticio de la estación de trenes de Milford. Él es Alec Harvey, de unos 40 años, médico internista.

¿Por qué una ama de casa común como otras miles de mujeres y quizá menos atractiva que muchas, se convierte de pronto en un ser sin el que un hombre no puede vivir? ¿Por qué a ella le sucede lo mismo con un médico que no se destaca del resto de los mortales? Estas preguntas parecen no tener respuesta porque el enamorarse es algo que nos sorprende y lo vivimos alguna vez, pero resulta tan misterioso que no lo comprendemos totalmente.

Los protagonistas se conocen accidentalmente en la estación del tren cuando Alec ayuda a Laura, una desconocida, a retirarle una basura que le había caído en el ojo. Se ven en otras ocasiones y casi sin darse cuenta terminan enamorados. Cada vez pasan más tiempo juntos mientras comienzan a surgir los problemas y la relación se ve perturbada. El nuevo amor quedará tan lejos de alcanzar la plenitud como su monótona vida, a la que regresan después de la cita prohibida.

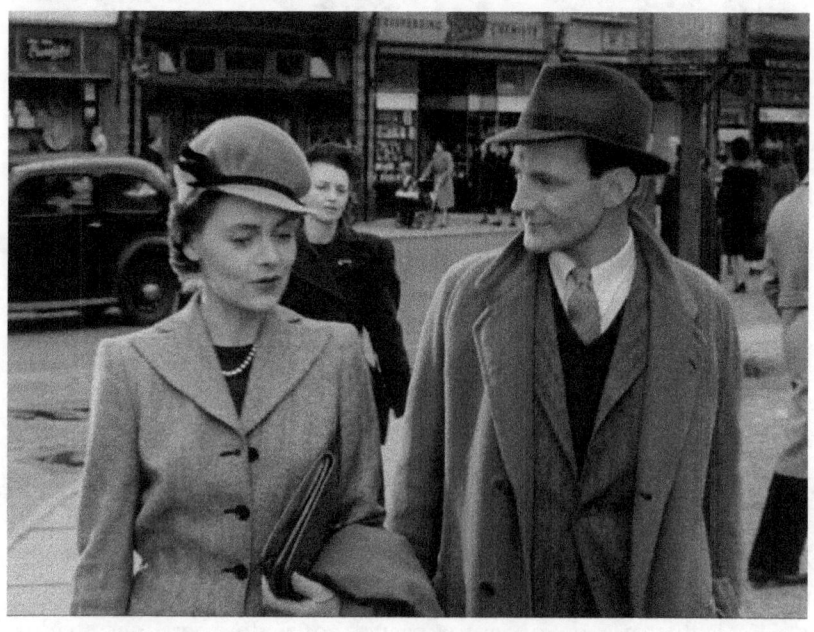

La pareja en uno de sus paseos

Los espectadores conocen de antemano el trágico desenlace, pues al principio de la película se muestran los últimos atormentados instantes que vive la pareja al despedirse para siempre. Este artificio lo utiliza Lean de nuevo en *Lawrence de Arabia* (1962), donde el héroe muere en la primera escena.

La historia se desenvuelve con tal naturalidad que la infidelidad parece algo razonable e inevitable. Para los amantes es como un último tren que podría sacarlos de la monótona vida que llevan. Pero no hay espacio para el amor entre las obligaciones, las habladurías y las mentiras. Luego llegan los miedos, las dudas los arrepentimientos. El fin está cerca y ellos lo saben. Llega la hora de la despedida, todo parece normal. Están sentados en una mesa del café de la estación los dos solos, esperando la salida del tren. Esos últimos minutos son estropeados por la insoportable y elocuente amiga de Laura que se sienta en la mesa sin haber sido invitada y no para de hablar. El tren sale y se separan para siempre. Todo quedará en el recuerdo que les acompañará el resto de sus vidas.

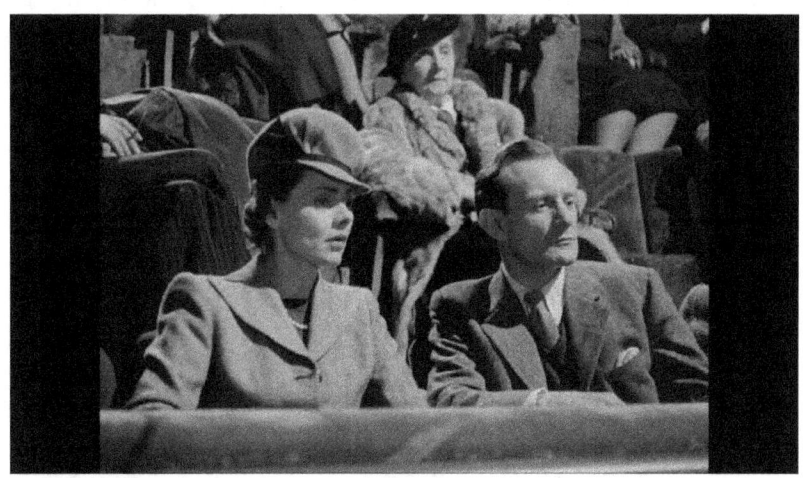

Alec y Laura asisten al teatro

Las escenas son con frecuencia acompañadas con extractos del dramático *Concierto No. 2* para piano del compositor ruso Serguéi Rajmáninov, aunque también escuchamos la *Marcha Militar* de Franz Shubert y *Danzas españolas No. 5* de Moritz Moszkowski

Esta película ha servido de inspiración a muchos cineastas. Billy Wilder confesó que la escena donde Alec trata de utilizar el apartamento de su amigo le inspiró para escribir el guión de su

121

comedia *El apartamento* (1969) con Jack Lemmon y Shirley MacLaine. También vemos historias similares (aunque sus guionistas no han confesado haberse inspirado en la cinta de Lean) en la película de Sofia Coppola, *Lost in Translation,* ambientada en Tokio del siglo XXI, en la que un actor (Bill Murray) de mediana edad, casado y cuyo matrimonio ha entrado en una fase de aburrimiento, conoce a la joven esposa (Scarlett Johansson) de un fotógrafo que está trabajando por unos días fuera de Japón. O en *Los Puentes de Madison* (1993), de Clint Eastwood, con un amor infiel de características similares.

Breve encuentro continúa siendo una película "actualizada" porque en el siglo XXI siguen existiendo amantes furtivos que se esconden en la oscuridad de la noche, a pesar de que vivimos en una sociedad mucho más permisiva y tolerante. También persisten esos abrazos desgarrados entre marido y mujer, sobre todo cuando superan alguna fuerte crisis, como el abrazo de Laura y su esposo al final de la película. Para muchos sigue siendo la mejor película británica de todos los tiempos, una especie de *Casablanca* sin nazis y con una resistencia sin guerra.

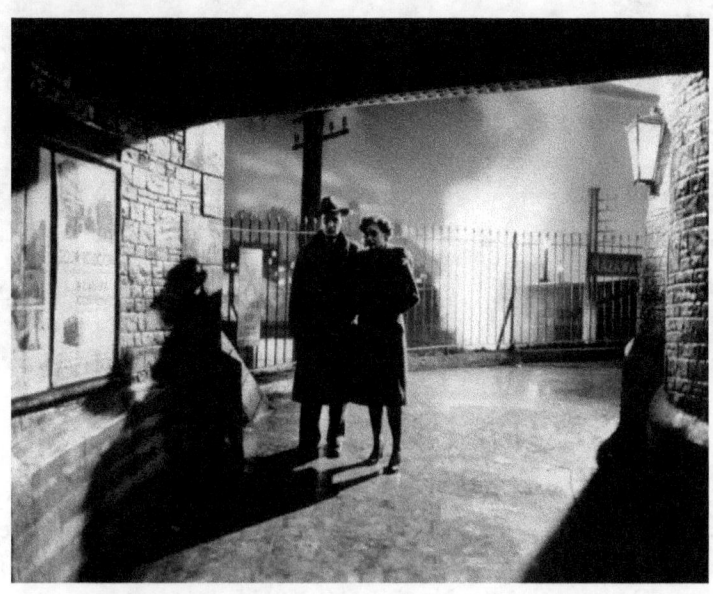

La pareja busca un lugar privado para estar juntos

26. ALMA EN SUPLICIO
EE.UU., 1945

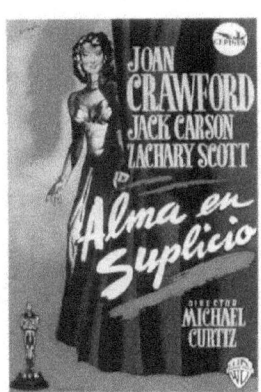

Título original: *Mildred Pierce*
Duración: 1 horas, 51 minutos
Dirección: Michael Curtiz
Guión: Ranald MacDougall. Basado en la novela homónima de James M. Cain
Género: Crimen, drama, cine negro
Otros: B/N
Reparto: Joan Crawford (Mildred Pierce), Jack Carson (Wally Fay), Zachary Scott (Monte Beragon), Eve Arden (Ida Corwin), Ann Blyth (Veda Pierce), Bruce Bennett (Bert Pierce), Lee Patrick (Sra. Maggie Biederhof), Moroni Olsen (Inspector Peterson), Veda Ann Borg (Miriam Ellis), Jo Ann Marlowe (Kay Pierce).

Tres años después del éxito de *Casablanca* en 1942, Michael Curtiz logra otro éxito en la gran pantalla con *Mildred Pierce*, que al titularla en español, prefirieron en lugar del nombre de la mujer, un título más descriptivo como: *Alma en suplicio*, *Abnegación de mujer*, o *El suplicio de una madre*.

Es un film característico del cine estadounidense de los años 40, un melodrama con cierta influencia negra (como en las escenas iniciales de un ambiente denso en espacios nocturnos con fuertes contrastes de luces y sombras).

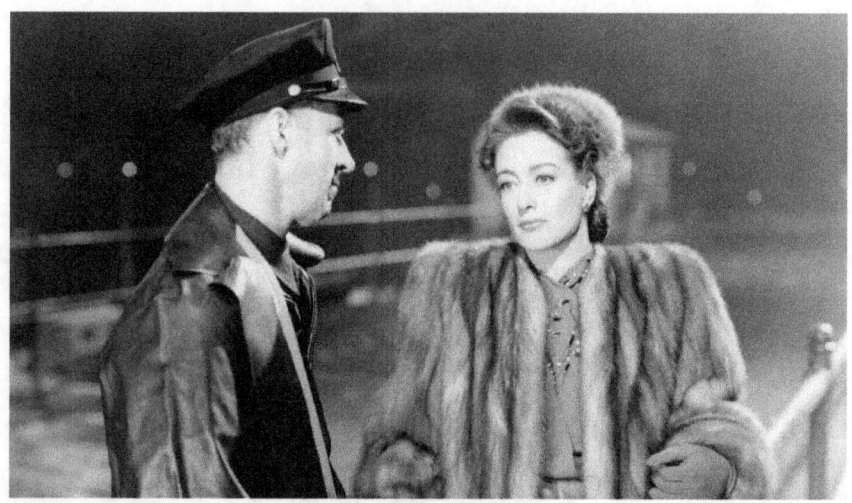

Un policía impide que Mildred se quite la vida al inicio del film

La película se inicia con unos disparos que no sabemos quién los hace. El hombre que los recibe, cae al suelo en una casa solitaria, aparentemente muerto. Luego una mujer en la noche intenta quitarse la vida en un puente pero un policía interviene y logra que cambie de parecer. Así nos presentan a Mildred, la protagonista del film y con un largo flashback se realizará la investigación del crimen. La historia se equilibra perfectamente entre el drama de suspenso negro del crimen y la conmovedora historia de la heroína, afectada por el amor de una hija ingrata.

Durante la Gran Depresión una mujer clase media, madre de dos hijas, Veda y Ray, casada con un hombre perezoso, sin ambiciones, que se encuentra desempleado la mayor parte del tiempo. Cansada de su marido, se separa de él y debe afrontar sola las responsabilidades de la familia.

Mildred desea a toda costa ascender en el escalafón social. Después de una difícil búsqueda de empleo, consigue trabajo como camarera, aunque siente que no está acorde a su posición social, por lo que lo esconde ante su orgullosa hija mayor Veda. En el ínterin, su ex marido le confiesa que la engañaba y luego su hija menor Ray muere de neumonía.

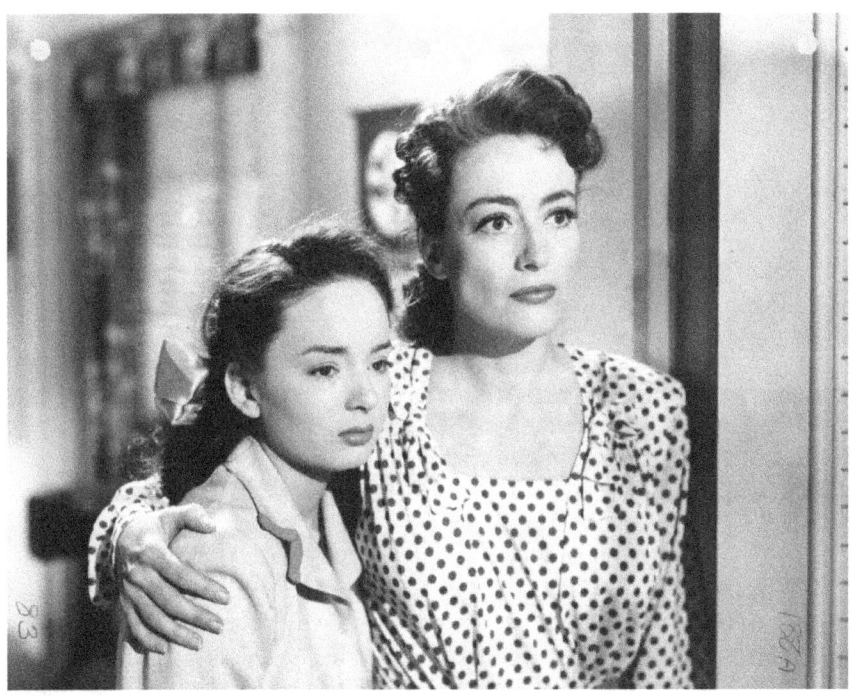

Mildred y Veda ante el lecho donde el médico atiende a Ray un poco antes de su muerte

Mildred logra independizarse montando un restaurante que al poco tiempo se convierte en un exitoso negocio de una cadena de restaurantes, pero las exigencias de su hija cada vez aumentan al igual que la tensión destructora de esta hacia la madre. No voy a revelar más porque los giros que vienen hay verlos y no leerlos.

El guión está al servicio femenino por lo que las escenas de las mujeres son muy superiores a las de los hombres, que aunque están presentes, se mueven como sombras tras las actuaciones de las féminas. La actuación de Joan Crawford le valió el premio Oscar a mejor actriz, el único Oscar que ganó en su vida, aparte de dos nominaciones en *El amor que mata* (1947) y *Miedo súbito* (1952).

La música es de Max Steiner. Gran parte del film está acompañado con brío y generosidad musical, donde predominan instrumentos de metal, logrando ampliar y engrandecer el dramatismo de la acción.

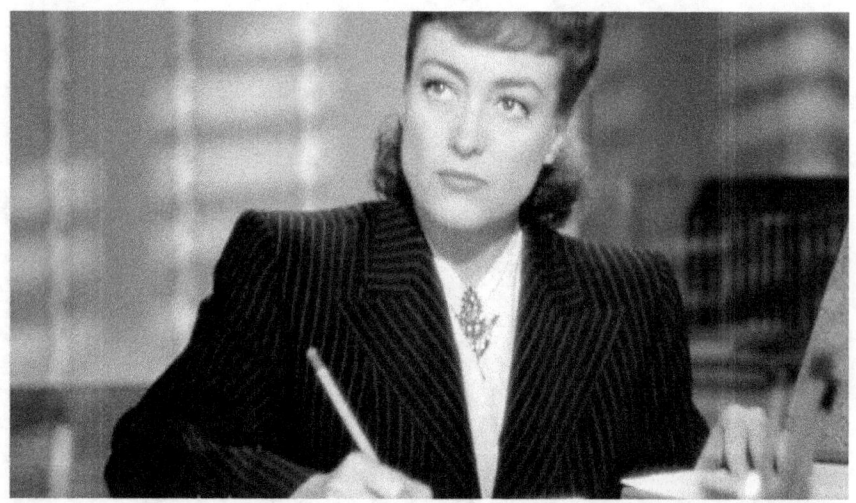

Mildred en la dirección de su cadena de restaurantes

Un film muy bien construido que va develando la trama a medida que Mildred cuenta la historia. Una gran obra de cine negro con dos muy buenas actrices: una adolescente y otra adulta que llenan la pantalla de amor, traición, engaños, humillaciones, y celos.

27. LOS MEJORES AÑOS DE NUESTRA VIDA

EE.UU., 1946

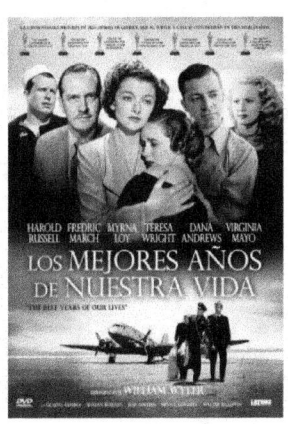

Título original: *The Best Years of Our Lives*
Duración: 2 horas, 52 minutos
Dirección: William Wyler
Guión: Robert E. Sherwood
Género: Drama, romántico, bélico
Otros: B/N
Reparto: Myrna Loy (Milly Stephenson), Fredric March (Al Stephenson), Dana Andrews (Fred Derry), Teresa Wright (Peggy Stephenson), Virginia Mayo (Marie Derry), Cathy O´Donnell (Wilma Cameron), Hoagy Carmichael (Butch Engle), Harold Russell (Homer Parrish), Gladys George (Hortense Derry)

Después de combatir en la II Guerra Mundial, tres veteranos que hasta ese momento no se conocían regresan a casa. La acción se sitúa a lo largo de unos meses entre 1945 y 1946 en una pequeña ciudad del Medio Oeste. Uno de ellos es el sargento de infantería Al Stephenson; otro es un piloto cargado de condecoraciones, Fred Derry; y el último es el joven marinero Homer Parrish. Los dos primeros regresan sanos y salvos, pero Homer ha perdido ambas manos en combate y en su lugar lleva dos prótesis en forma de gancho.

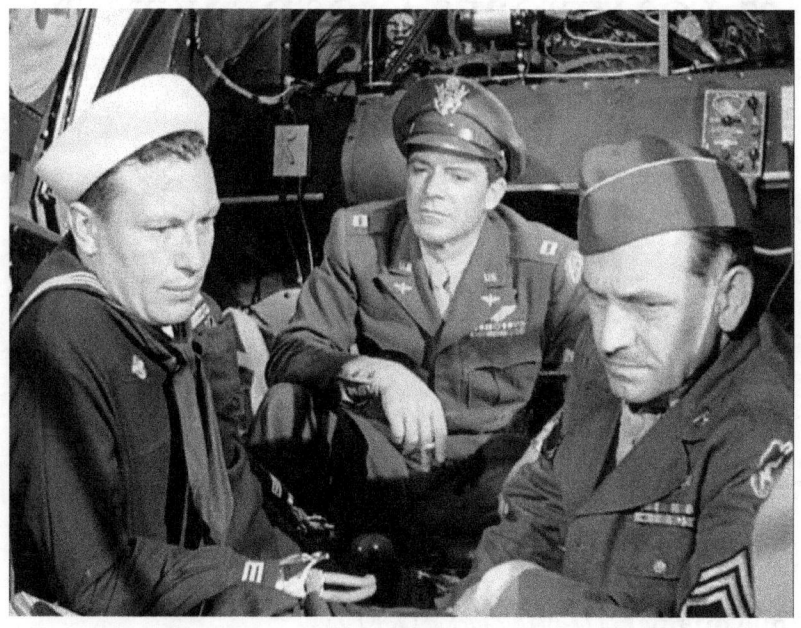

Los tres soldados en el viaje de regreso a casa

Sin embargo, los tres enfrentarán la terrible situación que se le presenta a todo aquel que ha pasado un tiempo en la guerra, retirado de su familia y de la sociedad civil: el proceso de readaptación, no siempre exitoso. Incluso son discriminados y mal vistos porque al buscar empleo, los soldados compiten con la población civil por los pocos puestos disponibles. Los veteranos están llegando a un mundo al que no pertenecen, al terreno de los civiles que no conocen la guerra por experiencia propia y ni siquiera pueden imaginársela de manera certera.

Antes de irse al frente, Stephenson tenía un buen puesto en un banco, ahora lo volvieron a emplear en la misma institución, incluso en una posición mejor, pero tiene conflictos con los criterios de la dirección y las políticas que sigue el banco en la asignación de créditos a los veteranos. Además, tiene problemas familiares y de alcoholismo.

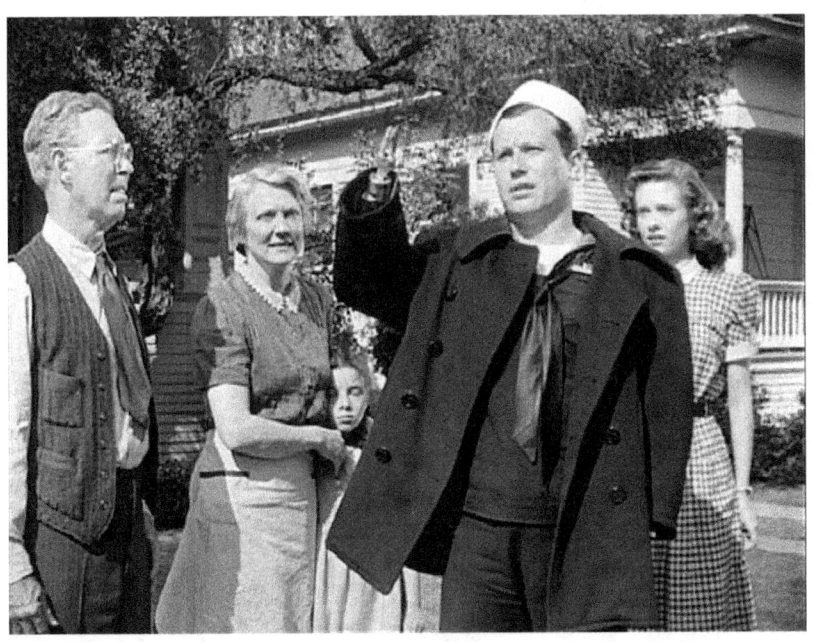

Momento en que los padres se percatan de que su hijo ha perdido ambas manos

Homer está en medio de un complejo de inferioridad debido a las prótesis que le impiden llevar una vida normal. Cree que su novia Wilma sigue con él por lástima, la evita y no se atreve a pedirle matrimonio.

Fred se marchó a la guerra cuando solo tenía 20 días de casado. Ahora tiene dificultades en su trabajo y en su casa.

Esta película tiene una de las escenas más sobrecogedoras de la historia del cine, cuando Homer llega a casa y se despide de sus amigos. Al levantar las manos para decir adiós, los familiares ven por vez primera las prótesis. Todos tratan de mantener la compostura y actuar de manera natural, pero es casi imposible (véase la fotografía anterior).

También se muestran detalles muy reales de la vida cotidiana como, por ejemplo, el miedo de los veteranos al reencuentro con sus seres queridos, la intranquilidad de no sentirse útiles dentro de la población económicamente activa, la evasión de las penas en bares consumiendo alcohol.

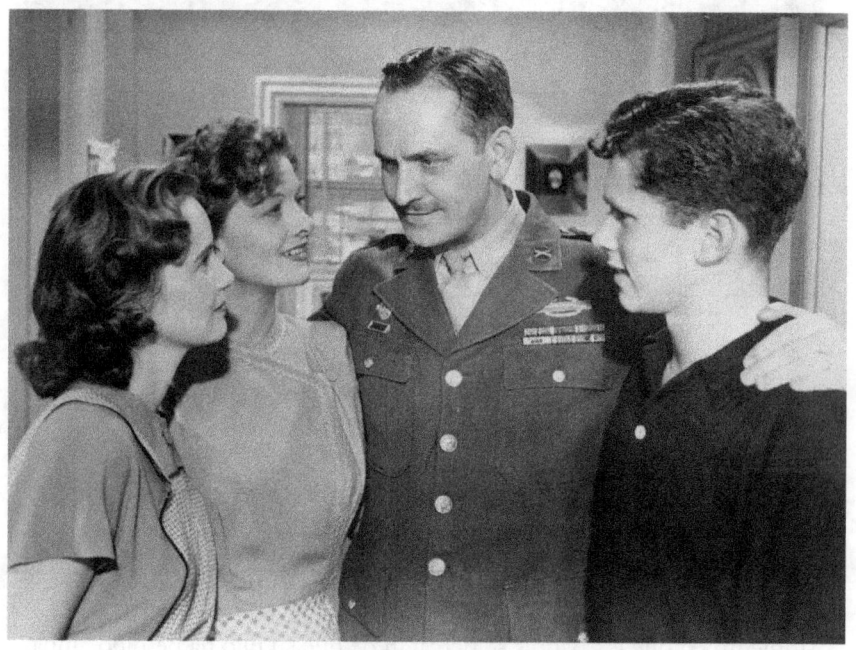

Reencuentro de Stephenson con su familia

El filme está basado en la novela *Glory for Me*, de MacKinlay Kantor. Ganó siete premios Oscar: mejor película, mejor dirección, mejor actor (Fredric March), mejor actor secundario (Harold Russell), mejor guión original, mejor montaje y mejor banda sonora.

Hay que resaltar la actuación de Harold Russell, quien no era un actor profesional. Ganó dos premios Oscar, además del mencionado anteriormente como mejor actor secundario, también ganó un Oscar Honorario por inspirar esperanza y coraje a sus colegas veteranos. Russell que en su papel interpreta a un marinero que ha perdido sus manos: ¡las había perdido en la vida real al manipular una carga defectuosa en un campo de entrenamiento en California! Observe esta extraordinaria actuación de un minusválido representando su propia situación. Sin embargo, su carrera cinematográfica fue prácticamente nula y solo se limitó a algunos programas de televisión. En 1993 tuvo que vender la estatuilla del Oscar que le dieron por esta película, presionado por problemas económicos y para sufragar los gastos de una cirugía para su esposa. Murió en enero del 2002 a los 88 años.

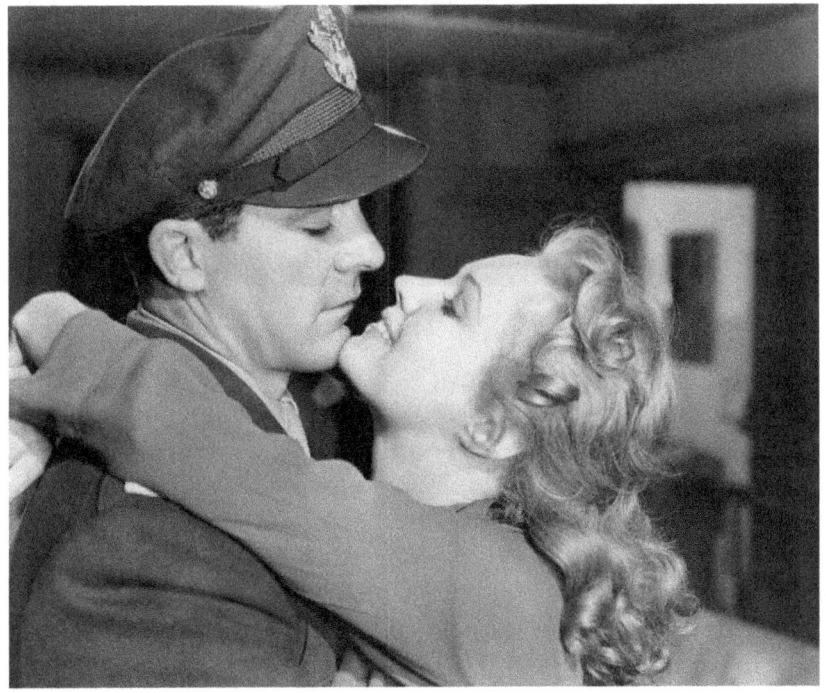

Fred Derry es recibido por su esposa

Este filme es particularmente muy limpio y tiene pocos errores. El único importante que he conseguido es en la escena en que Peggy, la hija de Stephenson, le prepara huevos revueltos en el desayuno a Fred. Una vez listos, ella trae los huevos a la mesa pero no el pan. En la siguiente escena vemos a Fred tomando una rebanada de pan de la mesa, que inexplicablemente apareció allí.

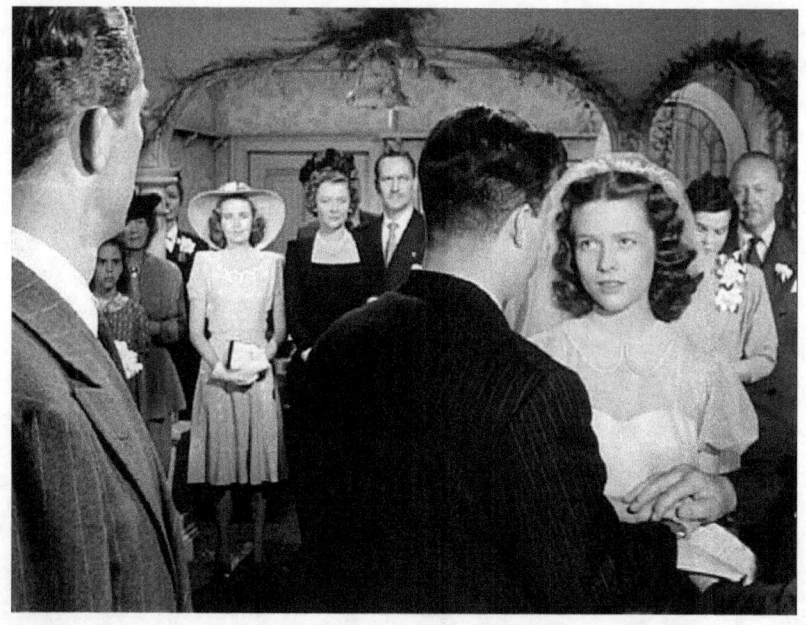

La boda de Homer y Wilma

Quizás el título no sea precisamente "cinematográfico", pero la película sí que es una joya que permanece por años en la memoria de quien la ve con un reparto de altura y una puesta en escena moderna que aun hoy en día continúa vigente. *Los mejores años de nuestras vidas* es una obra maestra muy conmovedora con momentos tristes, felices e inolvidables, cuyo excelente guión nos describe a la perfección las diversas situaciones por las que deben pasar los veteranos de guerra en su proceso de reinserción en la sociedad.

28. QUÉ BELLO ES VIVIR
EE.UU., 1946

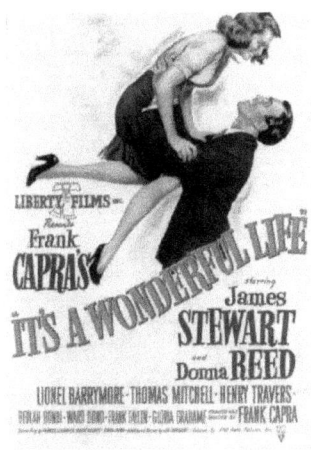

Título original: *It´s a Wonderful Life*
Duración: 2 horas, 10 minutos
Dirección: Frank Capra
Guion: Philip Van Doren y Frances Goodrich
Género: Drama, fantasía, familiar
Otros: B/N
Reparto: James Stewart (George Bailey), Donna Reed (Mary Hatch Bailey), Lionel Barrymore (Henry F. Potter), Thomas Mitchell (Tío Billy), Henry Travers (Clarence - el ángel), Beulah Bondi (Mamá Bailey), Frank Faylen (Ernie Bishop), Ward Bond (Oficial Bert), Gloria Garhame (Violet Bick)

A pesar de que su estreno fue eclipsado en muchos países por el realismo de *Los mejores años de nuestra vida* (1946), con el paso del tiempo *Qué bello es vivir* se convirtió en uno de los clásicos que se transmiten todos los años en televisión durante la época navideña. Se estrenó precisamente en navidades, el 20 de diciembre de 1946. Recibió nominaciones al Oscar en las categorias de mejor película, mejor dirección, mejor actor principal, mejor montaje y mejor sonido. Si bien no ganó ningún Oscar, ese año Capra obtuvo el premio de consolación del Globo de Oro al mejor director.

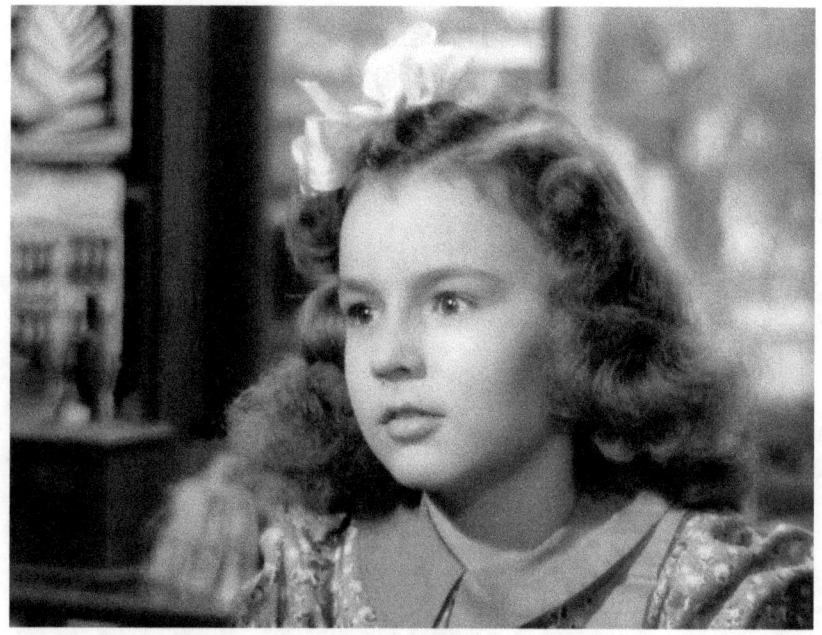

Mary estuvo enamorada de George desde niña

La historia se basa en el relato corto *The Greatest Gift* (El mayor regalo) de Phillip Van Doren Stern. La razón de la popularidad que adquirió este filme quizás obedeció a un error involuntario. En esa época los derechos de autor se mantenían por 28 años y podían ser renovados por otros 28 años más mediante el pago de un arancel y unos trámites administrativos. Por un error involuntario no se renovó el *copyright* en 1974, pasando el filme a ser de dominio público, de manera que cualquier canal televisivo que tuviera acceso a una copia, podía transmitirla sin pagar regalías a nadie. En especial las estaciones públicas comenzaron a incluirla en su programación navideña, compitiendo con costosos especiales de las cadenas privadas, en muchas ocasiones superándolos en rating. De esta manera, *Qué bello es vivir* se convirtió en una película esperada por todo el público año tras año en navidades.

En 1946 el mundo acababa de salir de la Segunda Guerra Mundial y Capra intentaba hacer una película especial que le diera ánimo a la gente y la ayudara a encontrarle sentido a la vida. Eso es lo que contiene esta película, una alegoría a la moral y a la ética. Un hombre que se pasó la vida ayudando a los demás y a la comunidad; y por esa razón, nunca pudo realizar sus propios sueños e incluso sacrificó su bienestar personal.

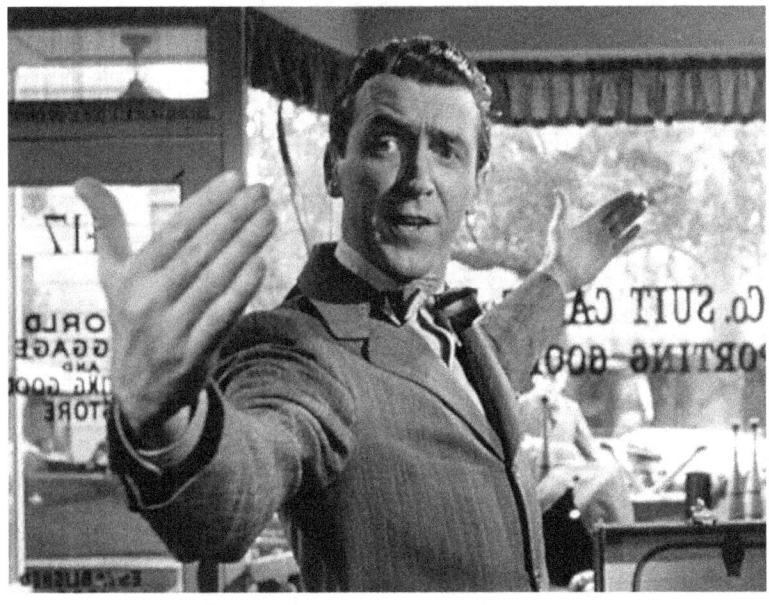

George le indica al vendedor el tamaño de la maleta que necesita para viajar

El día antes de Nochebuena, George Bailey atraviesa una terrible crisis existencial que le hace pensar en el suicidio. Los agradecidos habitantes del pequeño pueblo ficticio de Bedford Fall le piden a

Dios por George, oran para que le ayude a superar la crisis y a ser feliz.

En vista de que en el Cielo casi todos los ángeles están ocupados, San José encarga este trabajo a Clarence, un ángel de segunda clase que tiene mucho tiempo en el cielo esperando ganarse las alas y con esta asignación podría conseguirlas. Antes de enviarlo a la tierra, San José le muestra lo que ha sido la vida de George Bailey; y así mediante un largo flashback conocemos la vida del protagonista, desde su niñez hasta el momento actual en que está a punto de suicidarse.

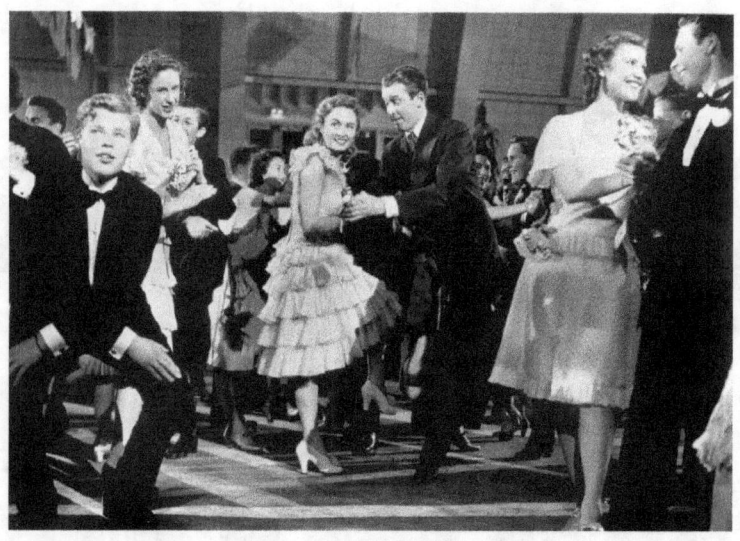

George y Mary se reencuentran ya adultos y se enamoran

George desde pequeño había soñado con dejar el pequeño pueblo en que le había tocado vivir, estudiar en la universidad y viajar por todo el mundo. Pero su actitud de hacer siempre lo correcto le impide realizar su sueño. Siendo muy niño, George tuvo que rescatar a su hermano menor que había caído en un lago congelado y el hielo se rompió. Esa heroica acción le costó perder la audición de uno de sus oídos, mal que lo acompañó a lo largo de su vida. Unos años más tarde evitó que un farmaceuta envenenara por error a un cliente al preparar un récipe equivocado, pero como pago recibió un buen golpe precisamente en el oído enfermo. A lo largo de su vida George va sacrificándose por los demás sin lograr ni siquiera estudiar en la universidad y mucho menos viajar como era su sueño.

Por ejemplo, el mismo día de su boda, cuando ya se iba de luna de miel y finalmente lograría salir por vez primera de su ciudad natal, ocurre una crisis financiera que ocasiona el cierre del banco del pueblo. La gente acude a la compañía de préstamos de la familia de George a retirar sus inversiones. George recibe una llamada de la compañía pidiéndole auxilio, abandona el taxi que le lleva a la estación, se enfrenta a los asustados clientes y se ve obligado a utilizar el dinero que iba a gastar en su luna de miel para calmar a los ahorristas. Apenas le quedan dos dólares y no podrá salir del pueblo.

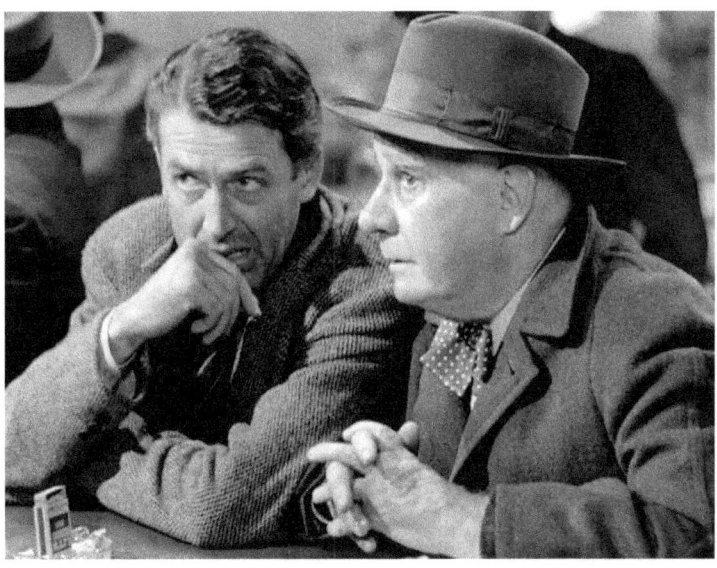

El ángel trata de rescatar a George de la depresión en que se encuentra

De esa manera vamos conociendo los detalles de la vida de George hasta la noche en la que desanimado por sus fracasos, cae en una fuerte depresión y decide suicidarse. Finalmente aparece el ángel y le pregunta: "¿Es tan desesperante la vida?, ¿preferirías no haber nacido? Pues ahora verás cómo sería todo si no hubieras existido, verás el mundo sin ti. Entonces le muestra cómo habría sido el pueblo sin él, cómo mucha gente a la que él ayudó estaría en la ruina, muchos serían explotados por el inescrupuloso cacique del lugar al que George se le enfrentó en múltiples oportunidades. Lo que ve es una visión desoladora, y de esta manera el ángel logra que George revalore su vida y tenga de nuevo deseos de vivir.

La fantástica historia narrada en el filme pudiera haber sido ridícula e insostenible, pero Capra logró convertirla en un relato encantador. Una de las mayores virtudes del filme es la congruencia entre la historia que cuenta y el mensaje que pretende transmitir: la importancia del ser humano en el desarrollo de sus semejantes, la vocación de servicio del protagonista y la actitud del malvado anciano Mr. Potter que no se detiene ante nada para conseguir sus fines.

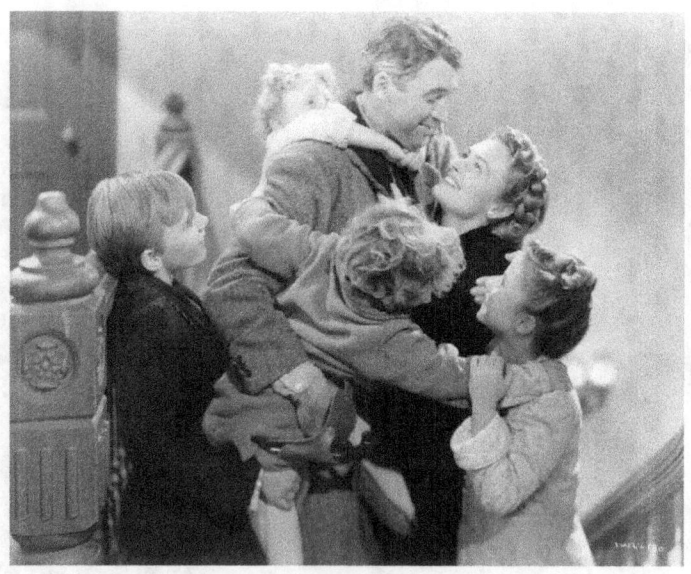

George regresa al hogar

Este filme es el tercero en el que Capra y Stewart trabajan juntos, después de *Vive como quieras* (1938) y *Caballero sin espada* (1939). Ambos mencionaron en ocasiones distintas que *Qué bello es vivir* era su película preferida.

29. LA SOGA
EE.UU., 1948

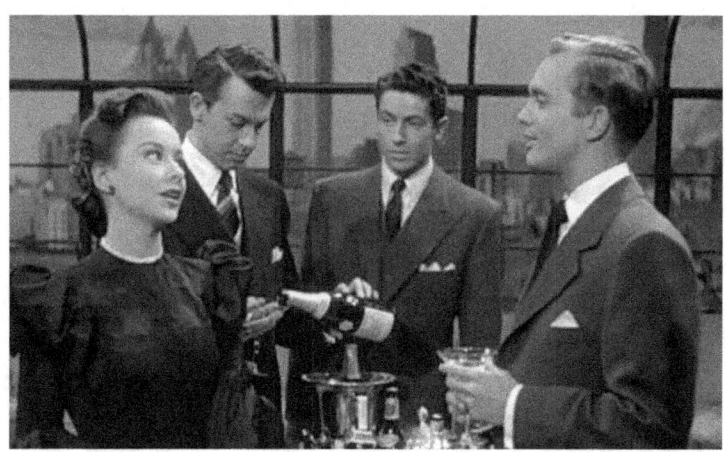

Título original: *Rope*
Duración: 1 hora, 20 minutos
Dirección: Alfred Hitchcock
Guión: Hume Cronyn
Género: Crimen, drama, misterio
Otros: Color (Technicolor)
Reparto: James Stewart (Rupert Cadel), John Dall (Brandon Shaw), Farley Granger (Phillip Morgan), Cedric Hardwicke (Sr. Kentley), Constance Collier (Sra. Atwater), Douglas Dic (Kenneth Lawrence), Edith Evanson (Sra. Wilson), Dick Hogan (David Kentley)

Es una notable película de experimentación escénica, la primera a color de Hitchcock, filmada totalmente en un apartamento y en tiempo real. Se basa en la obra de teatro inglesa *El final de la soga*, de Patrick Hamilton, que a su vez está inspirada en un hecho real ocurrido en 1924 en los Estados Unidos. Dos estudiantes de buena posición económica de la universidad de Chicago, asesinaron a un joven de 14 años sin motivo, solo para demostrar que eran intelectualmente capaces de cometer "el crimen perfecto". De acuerdo a sus creencias, el asesinato demostraría que eran superiores a la mayoría que no tenían la capacidad de planificar y ejecutar algo similar. El hecho se conoce como el caso de Leopold y Loeb.

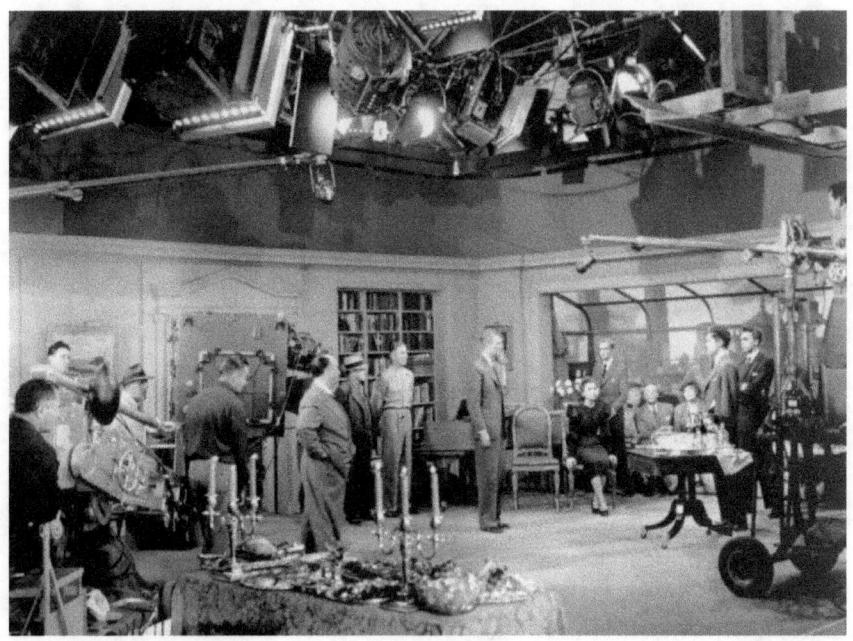

Detalle del complejo rodaje. Alfred Hitchcock al centro izquierda

Toda la película consta de un único plano secuencia (toma continua sin cortes entre planos), que por supuesto requirió una meticulosa planificación. La secuencia era interrumpida solo cuando el rollo se acababa. En esa época los rollos tenían una duración de 10 minutos, por lo que se utilizaron 10 rollos. Realmente el cambio de rollo pasa desapercibido porque usualmente ocurre en toma oscura.

Por ejemplo, al acercarse el rollo al final, la cámara enfoca un abrigo negro y el nuevo rollo comienza en ese mismo abrigo, logrando una acción continua de apariencia teatral, de manera que el espectador casi no se percata del cambio de rollo.

La película comienza con la vista de la calle donde está ubicado el apartamento de Brandon y Phillip, elegantes y adinerados estudiantes universitarios (¿pareja sentimental?). Al terminar los créditos iniciales pueden ver el cameo de Hitchcock caminando por la acera como es usual en sus filmes. Los dos jóvenes están estimulados por el pensamiento de su profesor favorito, Ruper Cadell, acerca de la superioridad de quien es capaz de cometer un crimen perfecto.

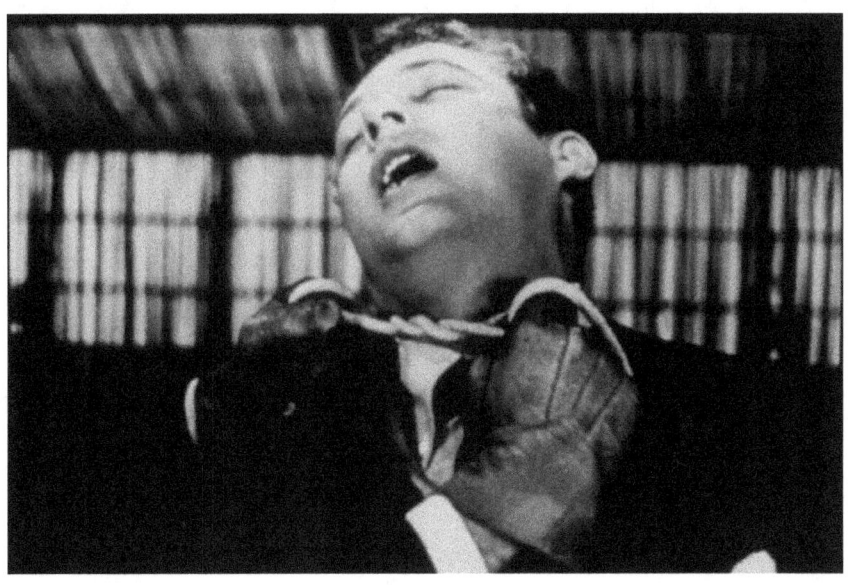

Momento en que ahorcan a la víctima con una soga

Invitan a David Kentley, un amigo de la universidad, para comprobar que pueden cometer un crimen perfecto y sentirse intelectualmente superiores. Entonces lo estrangulan con una soga y ocultan el cadáver en un baúl ubicado en la sala donde tendrá lugar una reunión. Para demostrar la superioridad intelectual han preparado una fiesta donde los invitados, además del profesor Ruper, son los familiares de David: su padre el Sr. Kentley, su tía la señora Atwater, su novia Janet y su mejor amigo Kenneth. El reto es demostrarse a sí mismos que pueden engañarlos.

Luego tienen una ocurrencia aún más macabra: deciden utilizar el baúl donde descansa el cadáver como mesa para colocar las fuentes con la comida de la cena.

Los problemas comienzan a surgir con el nerviosismo creciente de Phillip ante la capacidad de observación del profesor Ruper, quien va analizando pequeños detalles que le llevan a sospechar que los jóvenes tienen algo que ver con la ausencia de David en la fiesta.

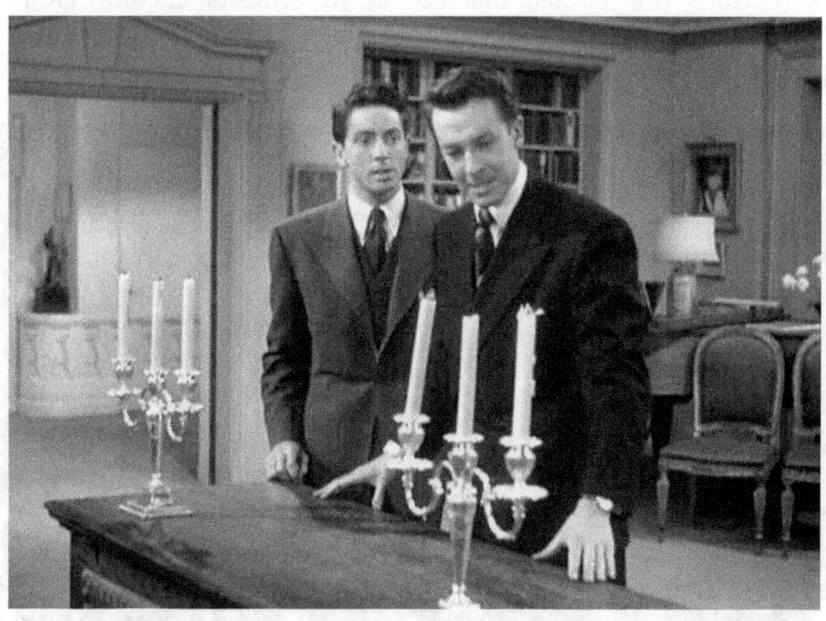

Brando tiene la macabra ocurrencia de servir el bufet en el baúl donde esconden el cadáver

Hay presente un elemento homosexual muy sutil, pero para la época resultaba agresivo. En ningún momento se menciona que los jóvenes sean pareja en el sentido estricto, ya que la censura de la época no lo permitía; pero todo indica desde el primer momento que existe una estrecha relación entre ambos. Por ejemplo: cuando alguien pregunta dónde está el teléfono, ellos se refieren "al dormitorio" como si solo hubiese uno solo. Los asesinos de la vida real, Leopold y Loeb, eran homosexuales declarados. También está presente el componente ideológico y filosófico, las ideas del superhombre de Nietzsche, hombres superiores e inferiores, que son las que desatan la locura homicida de los protagonistas.

Las actuaciones son soberbias: la autosuficiencia de Brandon, el nerviosismo de Phillip y la mesura de Ruper. Hay curiosamente un protagonista que pasa inadvertido: el cadáver. Solo vemos a David unos segundos al comienzo del filme cuando aprietan la soga en su cuello (es la escena más floja del filme), aunque sus restos reposan en la habitación dentro del baúl durante toda la película.

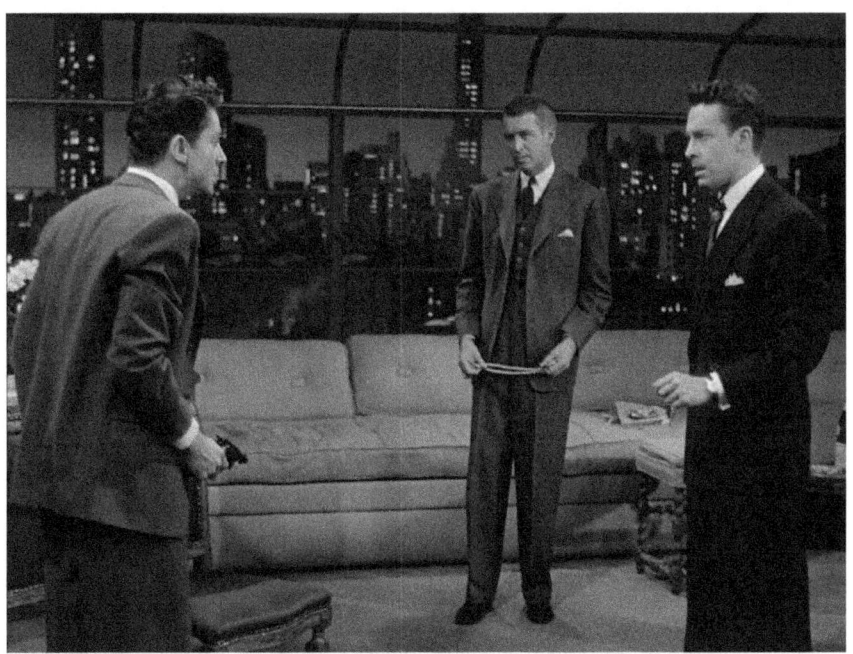

Rupert desenmascara a los asesinos

A James Stewart no le gustó la película, consideraba que su papel de investigador era inapropiado. Además, entraba en escena treinta minutos después de haber comenzado la cinta.

El tráiler publicitario es muy original. Muestra una parte de la historia que no se ve en la película, es una introducción a lo que vendrá. Vemos a David (la víctima) en el parque con su novia, quien estaría entre los invitados a la macabra cena, justo en el momento en que se comprometen. Entonces Stewart se dirige a la audiencia y dice:

"Esta es la última vez que ustedes verán con vida a David"; así presenta la historia y a los personajes que aparecerán en el filme. Si deciden ver está película les sugiero que comiencen por el tráiler, el cual está incluido en el DVD original (podrá ver el tráiler en librospeliculas.blogspot.com, en la entrada "Los años 40" buscar *La soga*).

Esta historia de intenso drama psicológico nos presenta una batalla dialéctica entre la rectitud moral y el asesinato aristocrático a través de un entretenido juego del gato y el ratón. Una obra maestra que no se puede perder.

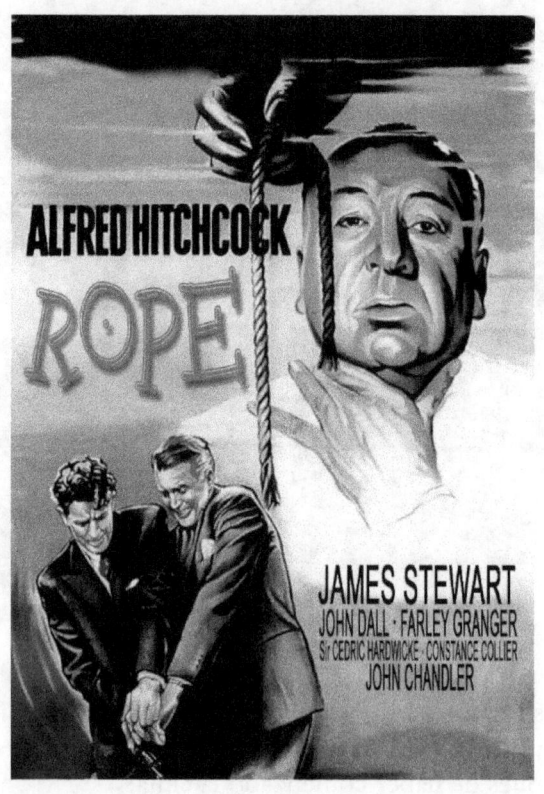

Afiche publicitario

30. LADRÓN DE BICICLETAS
Italia, 1948

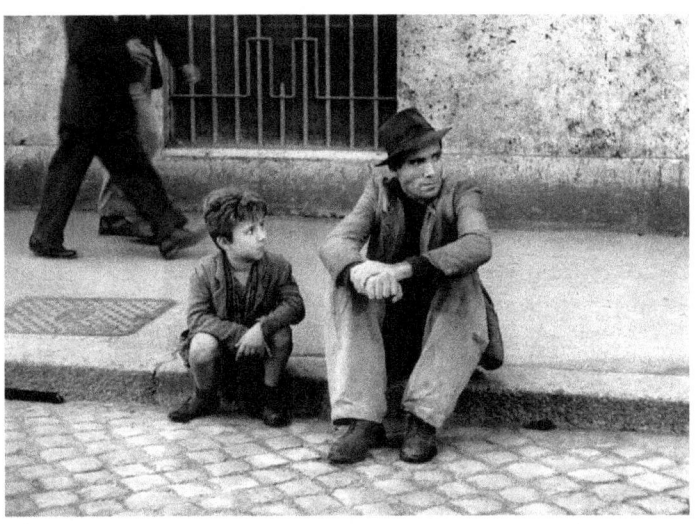

Título original: *Ladri di biciclette*
Duración: 1 hora, 33 minutos
Dirección: Vittorio De Sica
Guión: Cesare Zavattini
Género: Drama
Otros: B/N
Reparto: Lamberto Maggiorani (Antonio Ricci), Enzo Staiola (Bruno Ricci), Lianella Carel (Maria Ricci)

Ladrón de bicicletas es el filme más conocido del neorrealismo italiano, movimiento iniciado por Luchino Visconti con la película *Obsesión* (1943), que intentó dar un nuevo grado de realismo al cine. Se caracteriza por los abundantes rodajes en exteriores y la utilización de actores no profesionales.

Siguiendo este precepto, De Sica filmó las escenas en la ciudad de Roma, fuera del estudio, y en lugar de actores profesionales utilizó gente sin ninguna capacitación en actuación. Por ejemplo: el protagonista Lamberto Maggiorani era un obrero de una fábrica; y el niño fue seleccionado por su forma de caminar. De hecho, la prueba de selección de los potenciales candidatos se limitaba a ver caminar a los niños.

El filme obtuvo un Oscar Honorífico a la mejor película de habla no inglesa y recibió una nominación al mejor guión, que está basado en la novela homónima de Luigi Bartolini, publicada en 1946. El rodaje se realizó en la ciudad de Roma entre los meses de mayo y junio de 1948.

En cuanto al título del filme, la palabra italiana "ladri" está en plural. Sin embargo, cuando se distribuyó la película internacionalmente, el título fue traducido al inglés y al español con el error de colocarlo en singular. Así que en lugar de "Ladrones de bicicletas", se usó "Ladrón de bicicletas". En las últimas reediciones de la cinta se corrigió este error.

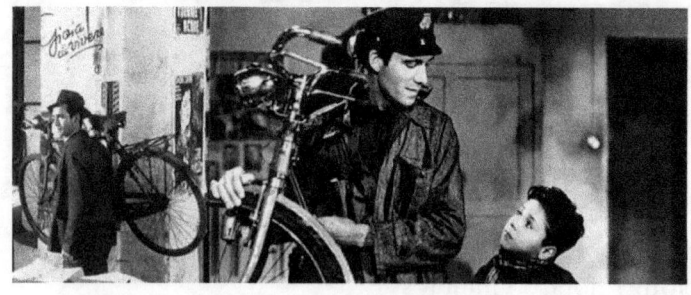

Antonio y su hijo Bruno se preparan para el primer día de trabajo

La historia se sitúa en la Italia de posguerra, donde reina el desempleo y conseguir un trabajo es algo excepcional. Las escenas muestran la Roma de posguerra con las enormes colas de desempleados, abundante presencia de mendigos en las calles, vendedores furtivos, comedores de caridad, etc.

Antonio Ricci obtiene un empleo municipal para pegar afiches de películas en las paredes de la ciudad, pero el requisito indispensable es que disponga de una bicicleta. Antonio tiene su bicicleta empeñada.

Su esposa María vende las sábanas de la cama matrimonial, el último regalo de boda que conservaba, para obtener el dinero que les permitirá recuperar la bicicleta. Una vez obtenida, Antonio comienza a trabajar, pero el primer día de trabajo le roban la bicicleta; sin esta perderá el empleo y su futuro.

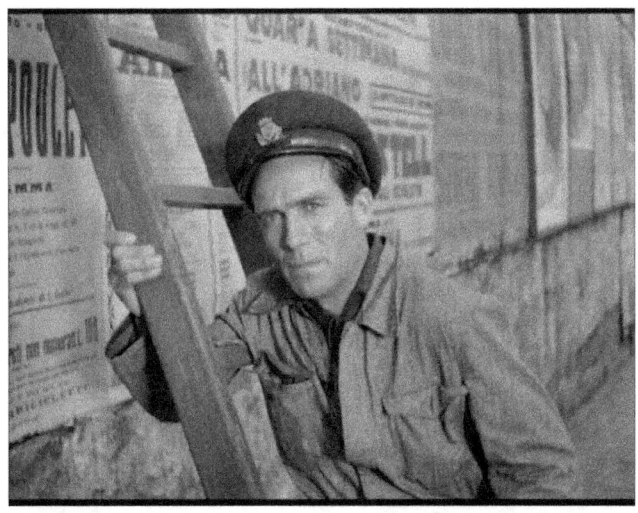

A Antonio le roban la bicicleta

El resto de la película describe los esfuerzos de Antonio y su hijo Bruno buscando la bicicleta por la ciudad. Colocan la denuncia en la policía, pero no le dan ninguna esperanza. De hecho, le dicen que ni siquiera harán algún esfuerzo por localizar la bicicleta porque son demasiadas las denuncias y no pueden manejarlas.

Antonio logra identificar al ladrón, pero ya había vendido la bicicleta y la policía no consigue ninguna prueba que demuestre que realmente sea el ladrón. Bajo la presión de los vecinos del ladrón, quienes comienzan a acusar a Antonio de difamación, se ve obligado a abandonar el caso.

Al final de la película, percibimos el dilema moral en que se ve envuelto el protagonista al tener que convertirse él mismo en un ladrón. Desesperado, Antonio intenta robar una bicicleta; pero es capturado y humillado en presencia de su hijo. El propietario de la bicicleta desiste levantar cargos contra Antonio al percatarse de que la humillación sufrida ya es un castigo suficiente.

Hay un segundo nivel narrativo que muestra la relación del padre y el hijo, que intiman gracias a la búsqueda de la bicicleta. El director presta gran atención a la vida familiar con unas escenas hermosas. Por ejemplo, al principio del filme cuando Antonio y Bruno se preparan para salir de la casa en la mañana. Ambos llevan el bocadillo para el almuerzo preparado por la madre. Es una escena feliz en el depauperado hogar, llena de optimismo y esperanza.

La historia concluye dejando a los espectadores ante el incierto futuro que enfrentan Antonio y su familia. Esta película en lugar de buscar una historia espectacular, logra a través de la sencillez mostrar algo completamente distinto: la realidad.

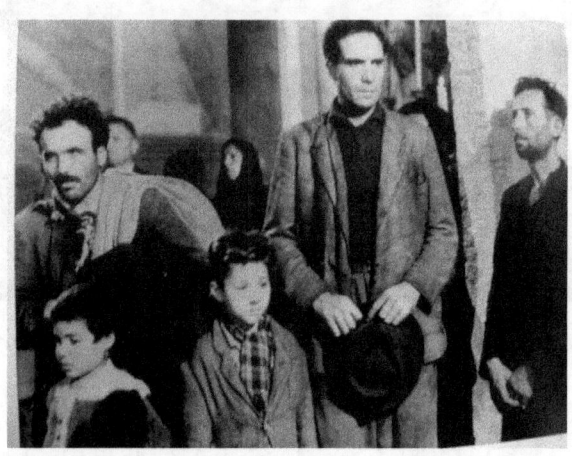

Antonio y su hijo en busca de la bicicleta

En la vida real, a Lamberto Maggiorani le costó obtener empleo después de la película debido a la recesión que atravesaba Italia.

Al final, el padre y el hijo se pierden de la vista del espectador al mezclarse entre la gente que sale del campo de fútbol; humillados, pero sin que su voluntad se haya quebrantado, se dirigen a un futuro incierto.

148

31. CARTA DE UNA DESCONOCIDA
Inglaterra, 1949

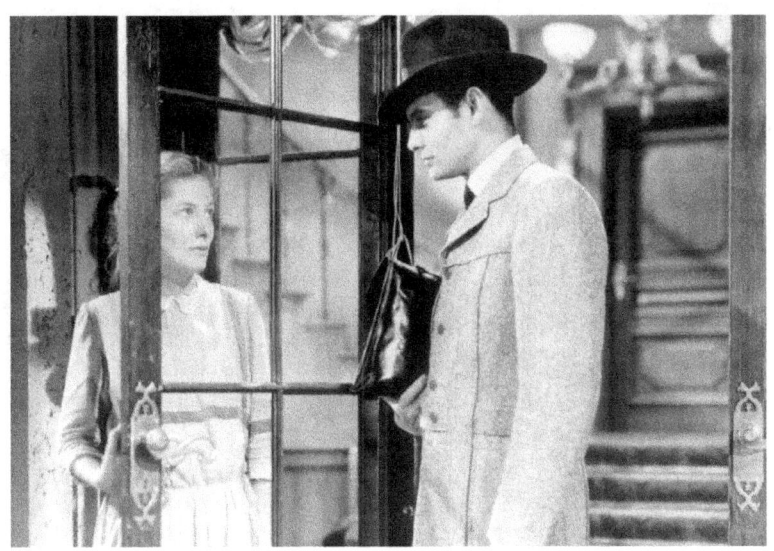

Título original: *Letter From an Unknown Woman*
Duración: 1 hora, 26 minutos
Dirección: Max Ophüls
Guión: Howard Koch
Género: Drama, romántico
Otros: B/N
Reparto: Joan Fontaine (Lisa Berndle), Louis Jourdan (Stefan Brand), Mady Christians (Frau Berndle), Marcel Journet (Johann Stauffer)

Carta de una desconocida es la historia de una obsesión romántica, basada en un relato corto homónimo del famoso novelista austríaco del siglo XX, Stefan Zweig. La protagonista le escribe una carta al amor de su vida, quien nunca la ha correspondido, ni siquiera sabe quién es ella, aunque la ha visto, ocasionalmente le ha hablado, han salido juntos y hasta tuvo un hijo con ella y no lo sabía hasta el día que recibió la carta.

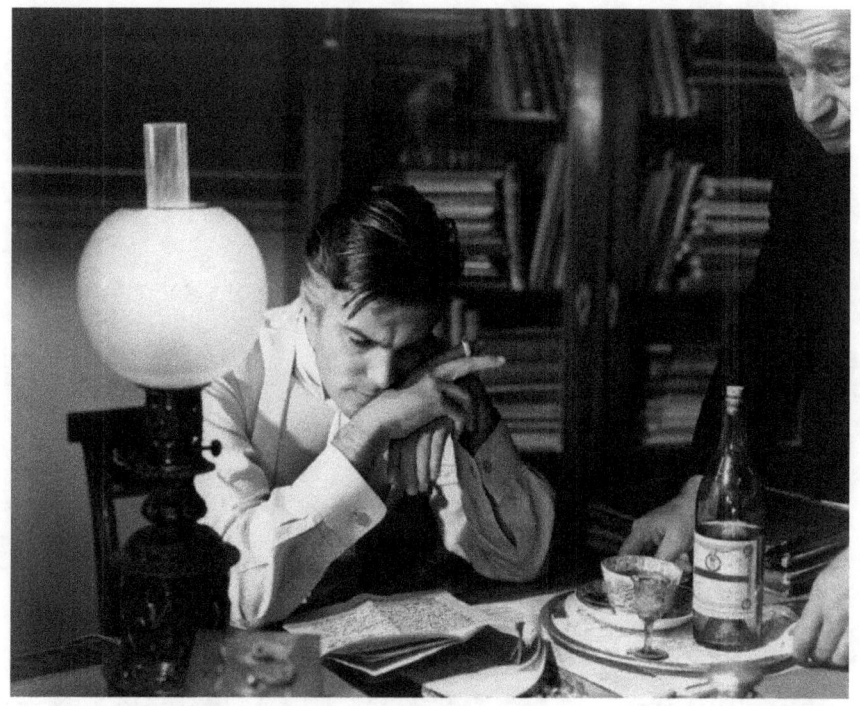

Stefan Brand recibe una carta de una mujer desconocida

A medida que el destinatario va leyendo la carta, van aflorando en su mente recuerdos fugaces de una muchacha con la que compartió muy breves pero agradables momentos en sus días de juventud.

La mujer desconocida, Lisa Berndle, es Joan Fontaine, la misma protagonista de *Rebeca* (1940) y *Sospecha* (1941), dos filmes de Alfred

Hitchcock, y su amado Stefan Brand es Louis Jourdan, protagonista de *El proceso Paradine* (1947), también de Hitchcock.

El guión de Kock es fiel al espíritu de la obra de Zweig, e incluso reproduce textualmente algunos de los diálogos del libro, aunque, por supuesto, el guionista tuvo que realizar ciertos ajustes porque la censura del momento no hubiera permitido el filme con todas las facetas que desarrolla el personaje femenino.

Uno de los cambios más significativos es que en el libro el protagonista masculino es escritor y en la película es un exitoso pianista. Esto no fue una decisión arbitraria, sino que obedeció al hecho de que la música funciona en un nivel más emocional que intelectual; y la obra de Ophüls navega en un mar de emociones puras.

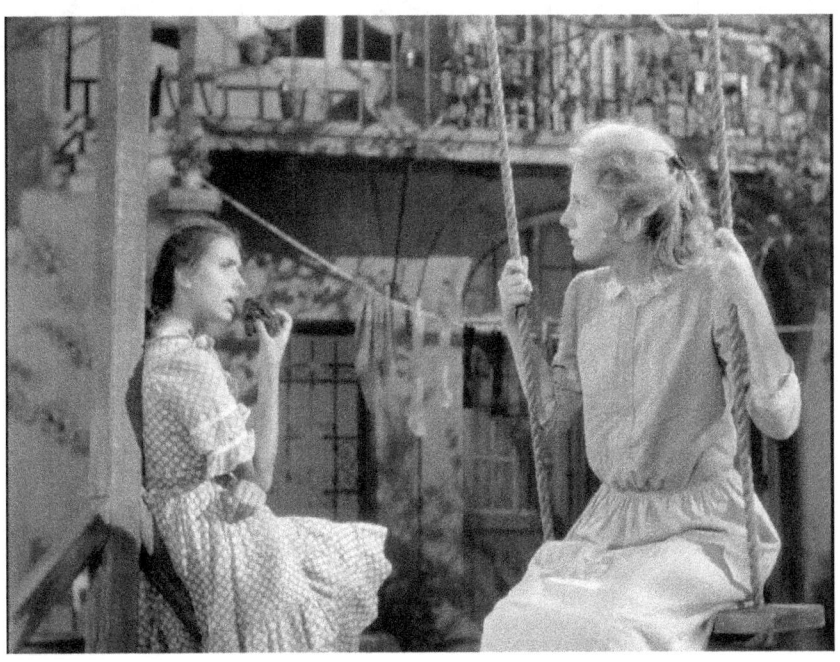

Lisa Berndle escucha el piano que toca el nuevo inquilino

La historia se desarrolla en Viena, ciudad musical por excelencia. La música es uno de los protagonistas de la historia y le sirve al director como mecanismo narrativo para subrayar, completar y en ciertas ocasiones hasta contradecir imágenes. Por ejemplo, cuando

Stefan comienza a leer la carta se escuchan fuertes tambores de fondo que anticipan la tragedia, pero cuando Lisa recuerda la primera vez que vio a Stefan, la música es casi infantil.

La película está dividida en tres actos, cada uno corresponde a una etapa fundamental en la vida de Lisa. Ophüls consigue depurar los dos rasgos que son característicos en sus películas: el gran conocimiento del mundo femenino y el perfecto dominio del movimiento de cámara. La mujer es el leitmotiv de sus filmes, los cuales suelen girar en torno a la búsqueda del amor.

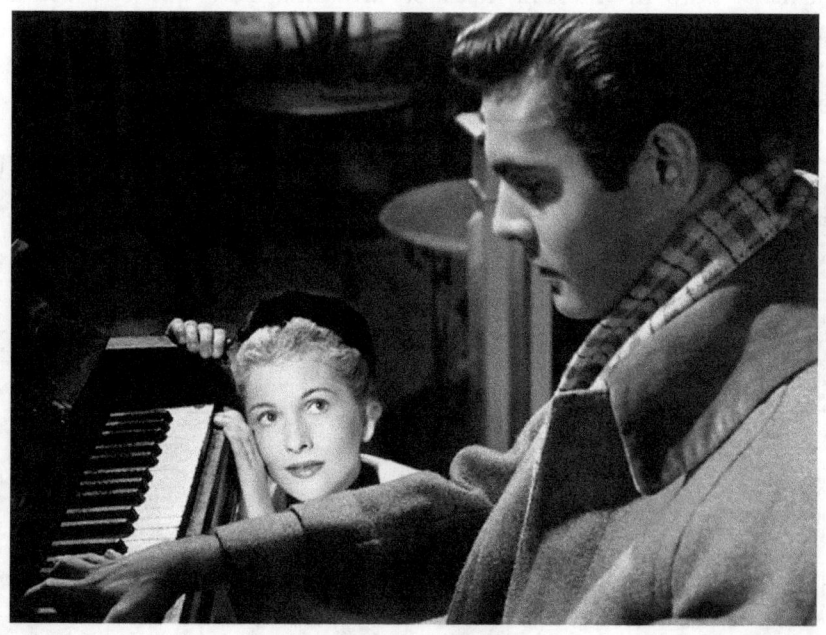

Lisa escucha extasiada las interpretaciones de Stefan

En 1900, en Viena, Stefan recibe una carta mientras se prepara para huir de la ciudad y así escapar de un duelo al que le han retado y que no quiere enfrentar. A medida que avanza en la lectura de la carta, un largo flashback va relatando lo leído: Años atrás, Lisa, todavía casi una niña, está jugando en el patio de su casa cuando llega un camión de mudanzas con un piano de cola. Viene a vivir en un apartamento de su edificio, un famoso pianista llamado Stefan Brand.

Esa misma noche Lisa le escucha ensayar y la música le produce una atracción romántica hacia ese hombre que aún no conoce.

Otro día en que Lisa juega con una amiga en el patio, lo oye tocar. De pronto la música se detiene, ella intuye que el pianista bajará por la escalera y por fin lo verá de frente. Espera al lado de la puerta y a través del cristal lo ve extasiada por primera vez. Él apenas se fija en la niña, le dice algo amable, le sonríe y se marcha. Así será en el futuro, pues Stefan es un hombre que no puede mantener una relación con una mujer por mucho tiempo. Es un Don Juan para quien "el honor es un lujo que solo los caballeros pueden tener", y ese no es su caso.

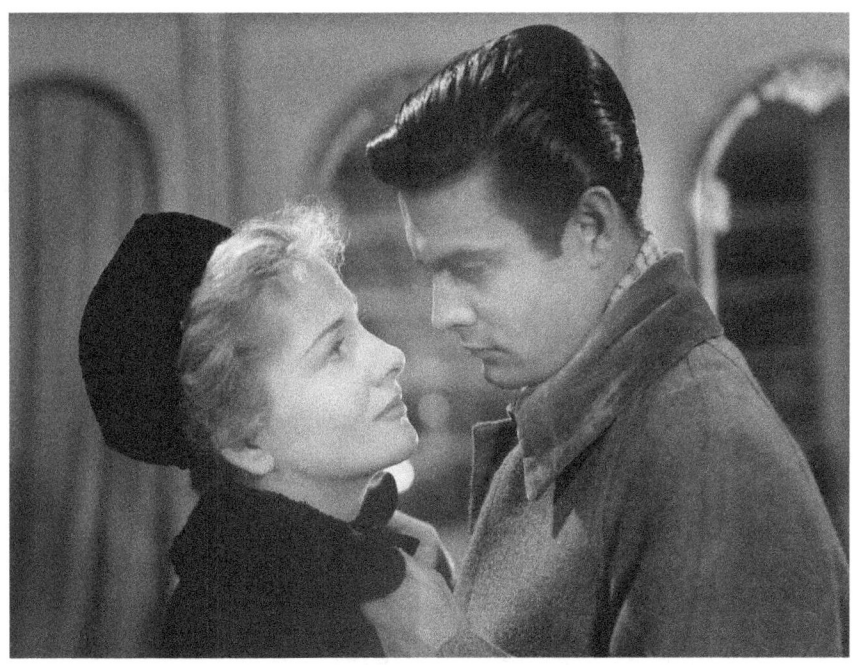

Una despedida supuestamente breve

Luego comienza el drama, la madre de Lisa, viuda, vuelve a contraer matrimonio y con su nuevo marido deciden mudarse a una lejana ciudad, lo que separa a Lisa de su amor. Luego de tres años, Lisa regresa sola en busca de Stefan, que seguramente ni la recordará. Si quieren saber lo que a continuación pasa, les sugiero que vean la película. No contaré más para no estropear la experiencia de quienes

153

decidan verla. Solo puedo añadir que al terminar de leer la carta, Stefan cambia de planes y no se marcha de la ciudad sino que se prepara para asistir al duelo en el que pierde la vida, quizá sea lo mejor que pueda sucederle.

Hay una versión china de esta película con el mismo nombre, del año 2004, de la directora no muy conocida en Occidente pero sí en su país, Jinglei Xu. Aunque usualmente las versiones no igualan o superan a las originales, el filme chino es una excepción: es tan buena como la de Ophüls. Yo no puedo decir que una es mejor que la otra, pero ya hablaremos de la película de Xu en el libro que cubre *Las películas que debe conocer – siglo XXI*.

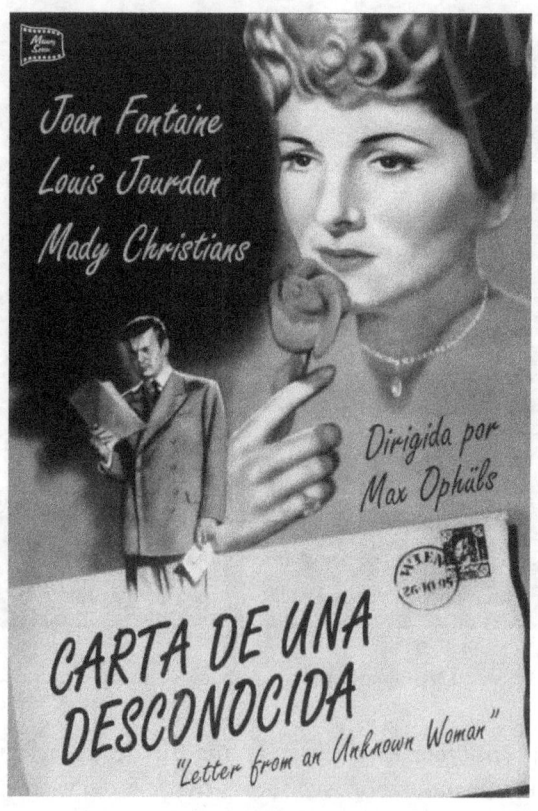

Afiche publicitario

154

32. EL TERCER HOMBRE
Inglaterra, 1949

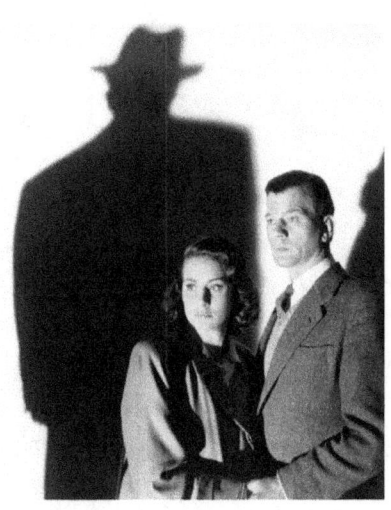

Título original: *The Third Man*
Duración: 1 hora, 44 minutos
Dirección: Carol Reed
Guión: Graham Greene
Género: Cine negro, misterio
Otros: B/N
Reparto: Joseph Cotten (Holly Martins), Alida Valli (Anna Schmidt), Orson Welles (Harry Lime), Trevor Howard (Mayor Calloway), Bernard Lee (Sargento Paine), Ernst Deutsch (Baron Kurtz)

En 1947 Viena está dividida en cuatro zonas ocupadas por los aliados de la Segunda Guerra Mundial: británicos, franceses, estadounidenses y rusos. El escritor de novelas baratas, Holly Martin, llega a la ciudad en busca de su amigo de la infancia Harry Lime, quien le ha prometido trabajo. Durante esta introducción escuchamos una cítara interpretando la música inolvidable de Anton Karas, que se convirtió en un clásico de la música popular.

Pero el mismo día de su llegada descubre que están enterrando a Harry, quien ha sido atropellado por un vehículo. El jefe de la policía británica le insinúa que su amigo estaba involucrado en el mercado negro de la penicilina. Luego conoce a Anna, la novia de Harry, de quien se enamora.

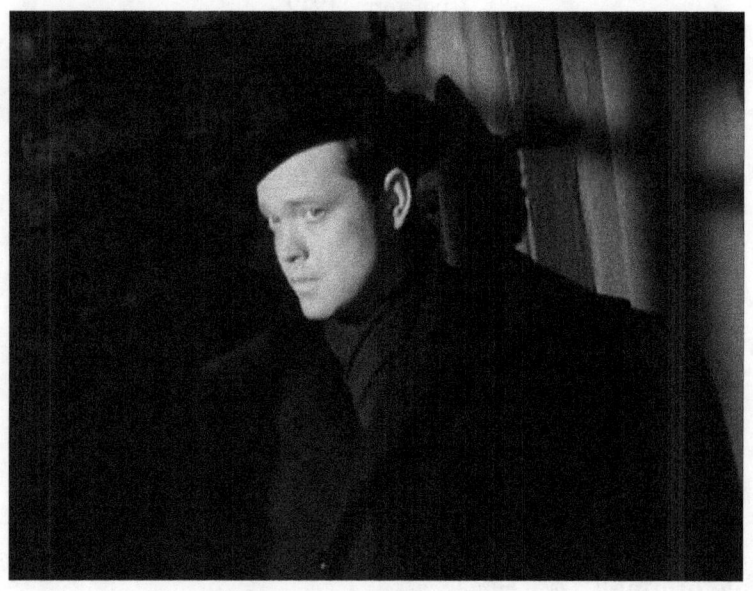

Fugaz aparición de Harry Lime a quien creían muerto

Las versiones contradictorias que Holly escucha acerca de la muerte de su amigo y el clima de misterio que envuelve todo, le hacen investigar el caso. Así descubre que realmente Harry está vivo y que enterraron a otra persona.

Con este interesante argumento comienza *El tercer hombre*, considerada una de las mejores obras fílmicas del cine británico. Los exteriores fueron filmados en locaciones originales de la Viena de

1948, bombardeada y ocupada, lo que le permite al espectador respirar la atmósfera que existía en la devastada ciudad, donde conviven a causa de la guerra personas de orígenes e idiomas distintos.

El filme reúne elementos de cine negro y melodrama. Es interesante notar que aunque Orson Welles, en una actuación de reparto, no aparece sino hacia el final de la película, (en los últimos 15 minutos), toda la historia gira en torno al personaje que interpreta, o mejor dicho, en torno a su ausencia. Su primera aparición en pantalla es extraordinaria: vemos inicialmente unas piernas en un portal oscuro, en las que se frota el gato de la amante de Harry (que solo quería a Harry). Repentinamente, una luz que encienden en una ventana ilumina el rostro sarcástico de Harry ante la sorpresiva mirada de Holly, que en ese momento se percata de que su amigo no está muerto.

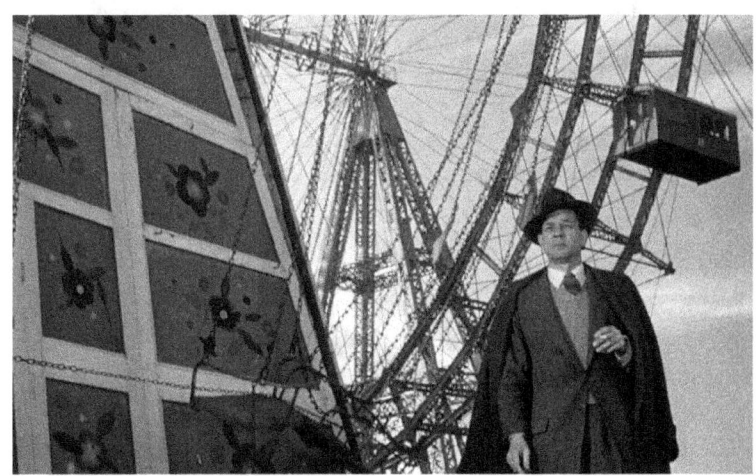

Holly busca reunirse con su amigo Harry para entender qué está pasando

Otra de las escenas inolvidables es el plano secuencia final, en el que Holly observa que a lo lejos viene caminando Anna. Él se baja del coche que lo llevaría al aeropuerto y decide esperarla porque han tenido un fuerte disgusto. Durante una larga toma la vemos acercarse y al pasar frente al él no se detiene, ni siquiera lo mira. Tampoco podemos olvidar la persecución de Harry en las alcantarillas de Viena (véase la fotografía anterior).

Las interpretaciones de primer orden son otro de los elementos que contribuyen a convertir este filme en una obra maestra. Joseph Cotten tiene una actuación magistral, llegando a vender a su amigo a la policía, a perseguirlo por las alcantarillas de la ciudad e incluso a dispararle. Igualmente bien logrado es el papel de Trevor Howard, el inspector que persigue implacablemente al contrabandista. Y Alida Valli, quien nunca denunciaría a Harry a pesar de sus crímenes.

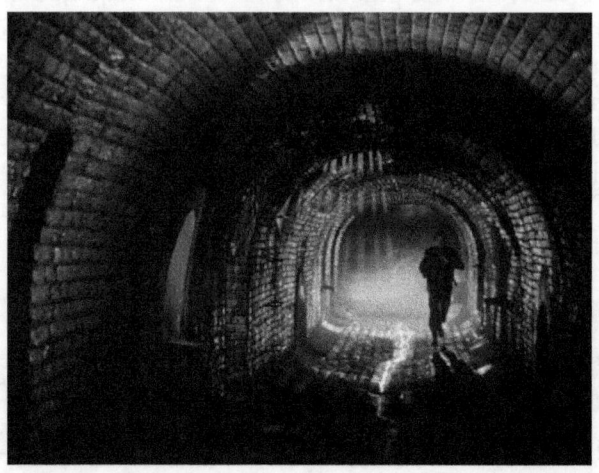

Harry huye por las alcantarillas de Viena

La intervención de Welles es tan desmedida que induce a la admiración, a pesar de la inmoralidad del personaje que representa, que trafica con penicilina adulterada sin importarle los enormes daños que causa a quienes se aplica en los hospitales, incluidos niños que la necesitan. La ascendencia del "malo" (Welles) sobre el "bueno" (Cotten) quizá se deba a que es una de la mejores actuaciones del primero.

Aunque en los créditos no aparece Orson Welles como director, se nota su influencia en muchas escenas, aunque él mismo dijo que no había dirigido la película. Sin embargo, tuvo total libertad para desarrollar su personaje. Reescribió sus diálogos, (el discurso del reloj de cuco es suyo) y dirigió sus secuencias.

Inesperadamente Welles llegó con dos semanas de retraso a Viena para la filmación, por lo que Reed tuvo que utilizar numerosos dobles en muchas escenas durante su ausencia.

Los amantes de las curiosidades en el cine, pueden observar con detenimiento las escenas de la persecución en las alcantarillas donde aparece Harry. Fueron filmadas en dos locaciones diferentes, algunas en Viena y otras en Inglaterra, en el London Film Studios. Cuando se ve el aliento de Harry como humo, es en Viena donde hace frío, y cuando no se nota es en los estudios.

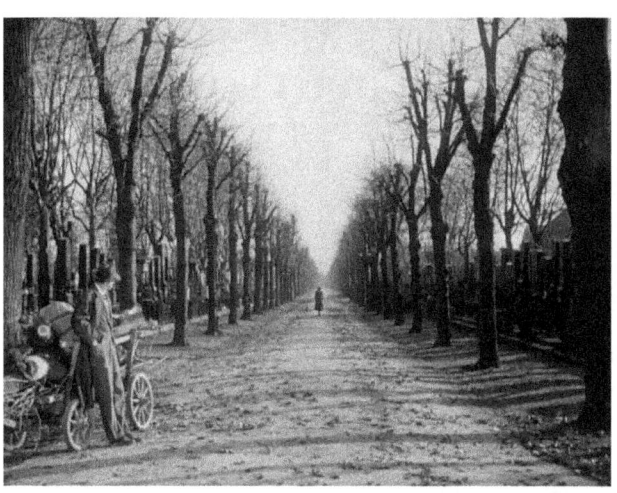

La extraordinaria escena final donde Holly espera a Anna aunque eso le cueste perder el vuelo de retorno a casa

Otro hecho curioso está en la explicación que Harry le da a su amigo acerca de las contribuciones de Italia y Suiza a la cultura: *"En Italia, en 30 años de dominación de los Borgia hubo guerras, terror, sangre y muerte, pero surgieron Miguel Ángel, Leonardo da Vinci y el Renacimiento. En Suiza hubo amor y fraternidad, 500 años de democracia y paz y ¿qué tenemos? El reloj de cuco"*; esta última afirmación es incorrecta, ya que el reloj de cuco no proviene de Suiza sino de la Selva Negra, en la frontera alemana.

El tercer hombre no fue una adaptación de una novela, sino que Greene escribió el guión a petición del productor de la película y posteriormente se publicó el libro con un final ligeramente diferente.

Esta película está llena de momentos únicos entre las muchas historias que cuenta. Relájese, siéntese cómodamente a verla, escuche las notas de Karas y disfrutará de 100 minutos inolvidables.

33. LAS PELÍCULAS ANALIZADAS EN ESTE LIBRO POR PAIS

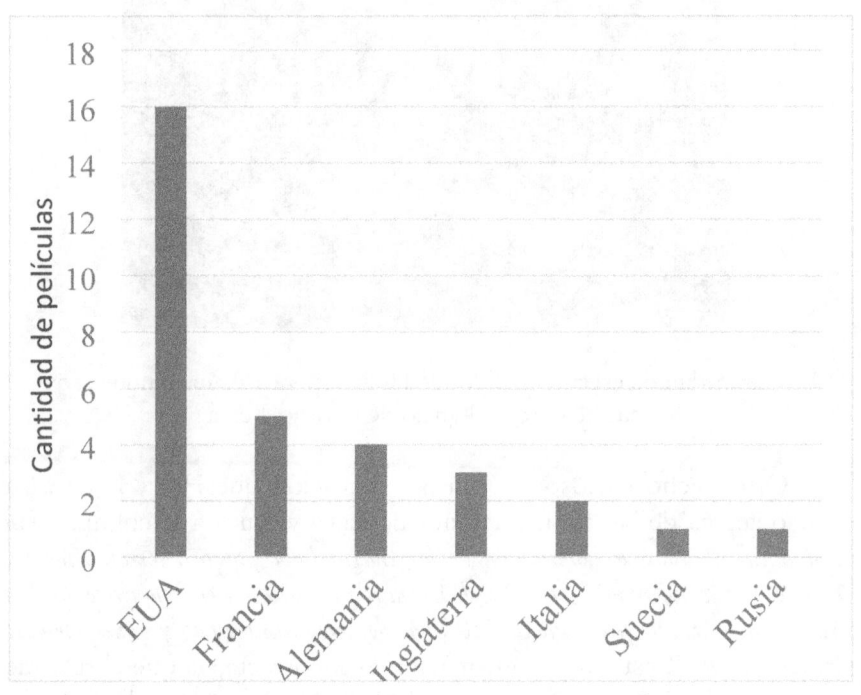

34. LAS PELÍCULAS QUE DEBE CONOCER

(La lista completa en orden cronológico)

Esta lista proviene de una investigación sobre la historia del cine que comenzó en el 2006, y busca identificar las películas más importantes a nivel mundial y es la guía para los talleres de apreciación cinematográfica "Las películas que debe que conocer", y los libros homónimos.

PELÍCULA	AÑO	PAÍS
TOMO 1		
1a La salida de los obreros de la fábrica	1895	Fra
1b La llegada del tren a la estación	1895	Fra
1c El regador regado	1895	Fra
2 Viaje a la Luna	1902	Fra
3 Asalto y Robo de un tren	1903	EUA
4 El nacimiento de una nación	1915	EUA
5 El gabinete del Dr. Caligari	1920	Ale
6 La carreta fantasma	1921	Sue
7 El último	1924	Ale
8 El acorazado Potemkin	1925	Rus
9 Metrópolis	1927	Ale
10 Amanecer	1927	EUA
11 El cantor de Jazz	1927	EUA
12 Un perro Andaluz	1928	Fra
13 M, el vampiro de Dusseldorf	1931	Ale
14 Tiempos modernos	1936	EUA
15 Lo que el viento se llevó	1939	EUA
16 Las uvas de la ira	1940	EUA
17 Fantasía	1940	EUA
18 Ciudadano Kane	1941	EUA
19 El halcón maltés	1941	EUA

20 Casablanca	1942	EUA
21 Perdición	1944	EUA
22 Roma ciudad abierta	1945	Ita
23 Breve encuentro	1945	Ing
24 Alma en suplicio	1945	EUA
25 Los mejores años de nuestras vidas	1946	EUA
26 Qué bello es vivir	1946	EUA
27 La soga	1948	EUA
28 Ladrón de bicicletas	1948	Ita
29 Carta de una desconocida	1948	Ing
30 El tercer hombre	1949	Ing

TOMO 2

31 Eva al desnudo	1950	EUA
32 Rashomon	1950	Jap
33 El crepúsculo de los dioses	1950	EUA
34 Un lugar en el sol	1951	EUA
35 Cantando bajo la lluvia	1952	EUA
36 Cautivos del mal	1952	EUA
37 Juegos prohibidos	1952	Fra
38 Cuentos de Tokio	1953	Jap
39 Cuentos de la luna pálida	1953	Jap
40 Los sobornados	1953	EUA
41 Traidor en el infierno	1953	EUA
42 La ventana indiscreta	1954	EUA
43 Los siete samurais	1954	Jap
44 El motín del Caine	1954	EUA
45 La palabra	1955	Din
46 Rififí	1955	Fra
47 Las diabólicas	1955	Fra
48 Fresas salvajes	1957	Sue
49 Senderos de gloria	1957	EUA
50 Doce hombres sin piedad	1957	EUA
51 Las noches de Cabiria	1957	Ita

52 Noches blancas	1957	Ita/Fra
53 Cuando pasan las cigüeñas	1957	Rus
54 Vértigo	1958	EUA
55 Ascensor para el Cadalso	1958	Fra
56 Tiempo de amar, tiempo de morir	1958	EUA
57 Rosaura a las diez	1958	Arg
58 Cenizas y diamantes	1958	Pol
59 Los cuatrocientos golpes	1959	Fra
60 Imitación a la vida	1959	EUA
61 El mundo de Apu	1959	Ind
62 Orfeo negro	1959	Bra/Fra/Ita
63 Araya	1959	Ven

TOMO 3

64 El apartamento	1960	EUA
65 Psicosis	1960	EUA
66 La evasión	1960	Fra/Ita
67 La máquina del tiempo	1960	EUA
68 Al final de la escapada	1960	Fra
69 El juicio de Núremberg	1961	EUA
70 Lolita	1962	EUA/Ing
71 Lawrence de Arabia	1962	Ing
72 Matar a un ruiseñor	1962	EUA
73 Qué pasó con Baby Jane	1962	EUA
74 El ángel exterminador	1962	Mex
75 Jules y Jim	1962	Fra/Ale
76 La infancia de Iván	1962	Rus
77 Ocho y medio	1963	Ita
78 El verdugo	1963	Esp/Ita
79 El ingenuo salvaje	1963	Ing
80 Alerta roja	1964	EUA/Ing
81 Sin retorno	1964	EUA
82 Goldfinger	1964	Ing
83 Soy Cuba	1964	Cub/Rus

84 Deseo de una mañana de verano   1966 Ing/Ita
85 Trenes rigurosamente vigilados   1966 Che
86 Un hombre y una mujer   1966 Fra
87 Plan diabólico   1966 EUA
88 El graduado   1967 EUA
89 La hora 25   1967 Fra/Ita/Yug
90 El silencio de un hombre   1967 Fra/Ita
91 Memorias del subdesarrollo   1968 Cub
92 El bebé de Rosemary   1968 EUA
93 2001: una odisea del espacio   1968 Ing/EUA
94 El planeta de los simios   1968 EUA
95 Érase una vez en el Oeste   1968 Ita/EUA
96 El dependiente   1969 Arg
97 La mujer infiel   1969 Fra/Ita
98 Z   1969 Alg/Fra

TOMO 4

99 La hija de Ryan   1970 Ing
100 La naranja mecánica   1971 Ing
101 Cabaret   1972 EUA
102 Juego mortal   1972 Ing
103 El discreto encanto de la burgesia   1972 Fra
104 El Padrino   1972 EUA
105 Solaris   1972 Rus
106 El golpe   1973 EUA
107 El padrino II   1974 EUA
108 Chinatown   1974 EUA
109 La tregua   1974 Arg
110 Atrapado sin salida   1975 EUA
111 Taxi Driver   1976 EUA
112 El quimérico inquilino   1976 Fra
113 Cría cuervos   1976 Esp
114 El pez que fuma   1977 Ven
115 La guerra de las galaxias   1977 EUA

116 Una jornada particular	1977	Ita/Can
117 Testigo silencioso	1978	Can
118 Alien	1979	Ing/EUA
119 La zona	1979	Rus
120 Manhattan	1979	EUA
121 El matrimonio de María Braun	1979	Ale
122 El tambor de Hojalata	1979	Ale/Fra/Pol/Yug

TOMO 5

123 El resplandor	1980	Ing
124 Toro salvaje	1980	EUA
125 Gente corriente	1980	EUA
126 El submarino	1981	Ale
127 Picote, la ley del más débil	1981	Bra
128 Blade Runner	1982	EUA
129 Fitzcarraldo	1982	Per/Ale
130 Paris-Texas	1984	Ale/Fra/Ing
131 Érase una vez en América	1984	Ita/EUA
132 1984	1984	Ing
133 La historia oficial	1985	Arg
134 Regreso al futuro I	1985	EUA
135 Brazil	1985	Ing
136 Doble cuerpo	1985	EUA
137 Hannah y sus hermanas	1986	EUA
138 Betty Blue	1986	Fra
139 Macu, la mujer del policía	1987	Ven
140 Cinema Paradiso	1988	Ita/Fra
141 Otra mujer	1988	EUA
142 No matarás (Decálogo 5)	1988	Pol
143 Lluvia negra	1989	Jap
144 Delitos y faltas	1989	EUA

TOMO 6

145 No mentirás (Decálogo 8)	1990	Pol

146 Europa, Europa	1990	Ale/Fra/Pol
147 El silencio de los inocentes	1991	EUA
148 Delicatessen	1991	Fra
149 La linterna roja	1991	Chin/Hon/Tai
150 Lunas de hiel	1992	Fra/Ing
151 Perfume de mujer	1992	EUA
152 Un lugar en el mundo	1992	Arg/Esp/Uru
153 La lista de Schindler	1993	EUA
154 Pesadilla antes de Navidad	1993	EUA
155 Tres colores – Azul	1993	Pol/Fra/Sui/Ing
156 En el nombre del Padre	1993	Irl/Ing
157 Forrest Gump	1994	EUA
158 Cadena perpetua	1994	EUA
159 Tiempos violentos	1994	EUA
160 El cartero	1994	Fra/Ita/Bel
161 Chungking Express	1994	Hon
162 El profesional	1994	Fra
163 Fresa y chocolate	1994	Cub/Mex/Esp/EUA
164 Tres colores – Blanco	1994	Pol/Fra/Sui
165 Sospechosos habituales	1995	EUA/Ale
166 Los siete pecados capitales	1995	EUA
167 Pena de muerte	1995	Ing/EUA
168 Tesis	1996	Esp
169 Trainspotting	1996	Ing
170 Fuego	1996	Can/Ind
171 Cenizas del paraíso	1997	Arg
172 La vida es bella	1997	Ita
173 Abre los ojos	1997	Esp
174 El abogado del diablo	1997	EUA/Ale
175 Carretera perdida	1997	Fra/EUA
176 Los niños del paraíso	1997	Ira
177 1943 – 1997	1997	Ita
178. American History X	1998	EUA
179 Rescatando al soldado Ryan	1998	EUA

180 Corre Lola corre	1998	Ale
181 La celebración	1998	Din/Sue
182 Belleza Americana	1999	EUA
183 Matrix	1999	EUA
184 El club de la pelea	1999	EUA/Ale
185 Todo sobre mi madre	1999	Esp/Fra
186 Cómo ser John Malkovich	1999	EUA
187 Garaje Olimpo	1999	Ita/Arg/Fra

TOMO 7

188 Amores perros	2000	Mex
189 Requiem por un sueño	2000	EUA
190 Memento	2000	EUA
191 Nueve Reinas	2000	Arg
192 Deseando amar	2000	Hon/Fra
193 El viaje de Chihiro	2001	Jap
194 Amelie	2001	Fra
195 Mulholland Dr	2001	Fra/EUA
196 El experimento	2001	Ale
197 El sueño de Valentín	2002	Arg/Hol/Fra/Ita/Esp
198 Ciudad de Dios	2002	Bra/Fra/EUA
199 Hable con ella	2002	Esp
200 El pianista	2002	Fra/Ale/Ing/Pol
201 Irreversible	2002	Fra
202 Chicago	2002	EUA/Ale
203 Lilya Forever	2002	Sui/Din
204 Invasiones Bárbaras	2003	Can/Fra
205 Dogville	2003	(*)
206 Old Boy	2003	Sko
207 Una casa de arena y niebla	2003	EUA
208 No sois vos, soy yo	2004	Arg/Esp/Fra
209 Machuca	2004	Chil/Esp/Ing/Fra
210 Crash	2004	EUA/Ale
211 La caída	2004	Ale/Ita/Austri

212 Punto y raya   2004 Ven/Chi/Uru/Esp
213 Hierro 3   2004 Sko/Jap
214 Carta de una mujer desconocida   2004 Chin
215 Vera Drake   2004 Ing/Fra/New
216 Hermanos   2004 Din/Ing/Sue/Nor
217 El maquinista   2004 Esp

TOMO 8

218 Match Point   2005 Ing/EUA/Lux
219 La rosa blanca   2005 Ale
220 Elsa & Fred   2005 Arg/Esp
221 El latido de mi corazón   2005 Fra
222 Mariposa negra   2005 Per/Esp
223 Elipsis   2006 Ven
224 El laberinto del Fauno   2006 Mex/Esp/EUA
225 La vida de los otros   2006 Ale
226 Casino Royal   2006 EUA/Ing/Ale/Che
227 Babel   2006 Fra/EUA/Mex
228 El libro negro   2006 Hol/Ale/Bel
229 La desconocida   2006 Ita/Fra
230 No le digas a nadie   2006 Fra
231 Después de la boda   2006 Din/Sue/Ing/Nor
232 Desapareció una noche   2007 EUA
233 Antes que el diablo sepa que has
muerto   2007 EUA/Ing
234. El baño del Papa   2007 Uru/Bra/Fra
235. Al otro lado   2007 Ale/Tur/Ita
236. Katyn   2007 Pol
237. Los falsificadores   2007 Austri/Ale
238. Like Stars on Earth   2007 Ind
229. Batman 2, El caballero de la noche   2008 EUA
240. Quién quiere ser millonario   2008 Ing/Fra
241. El lector   2008 EUA/Ale
242. Arráncame la vida   2008 Mex
243. El secreto de sus ojos   2009 Arg

244. La cinta blanca	2009	Austri/Ale/Fra/Ita
245. Preciosa	2009	EUA
246. Mary and Max	2009	Austra
247. Canino	2009	Gre
248. Reverso	2009	Pol
249. Home, la tierra vista desde el cielo	2009	Fra

(*) Din/Sui/Fra/Nor/Fin/Ale/EUA/Ing/Hol

35. CONTRIBUCIÓN DE CADA PAIS A "LAS PELÍCULAS QUE DEBE CONOCER"

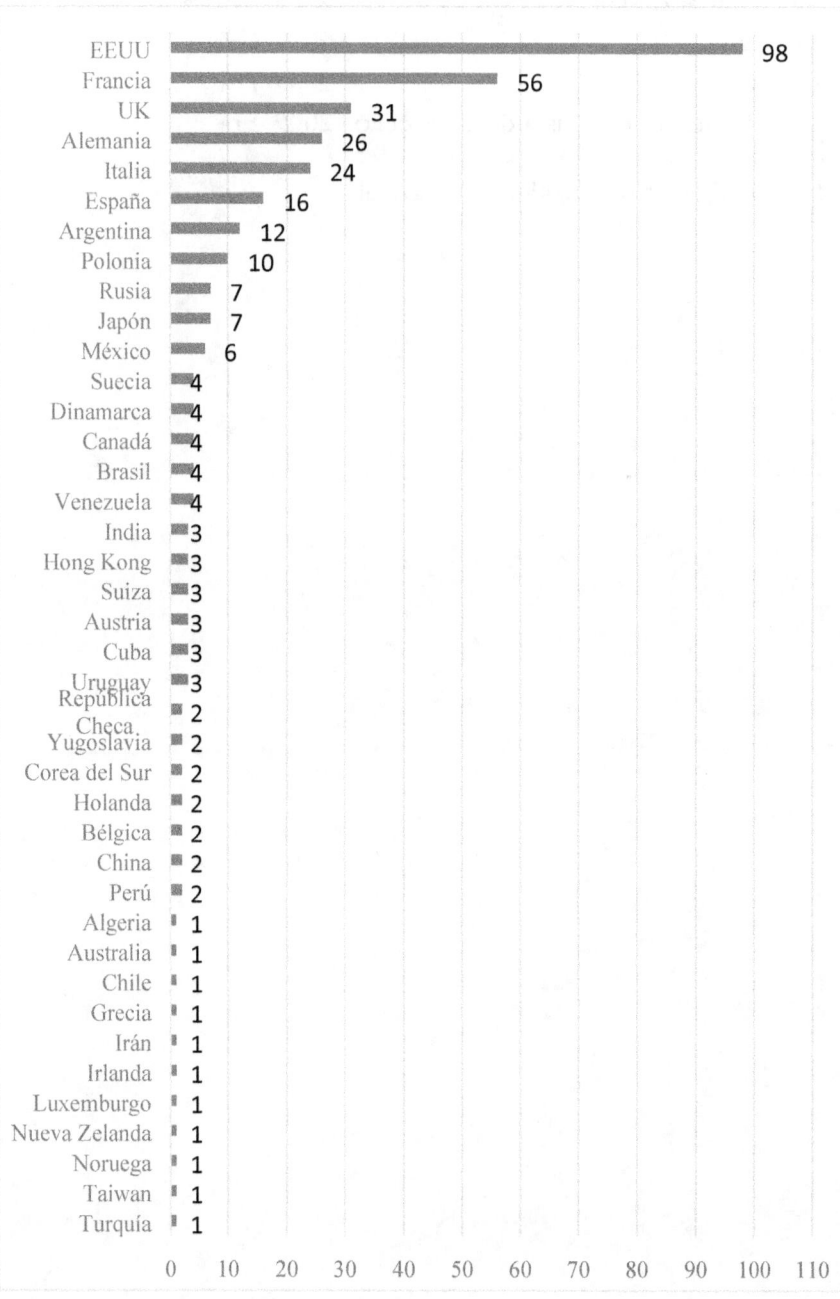

36. LAS PELÍCULAS QUE DEBE CONOCER POR DÉCADA

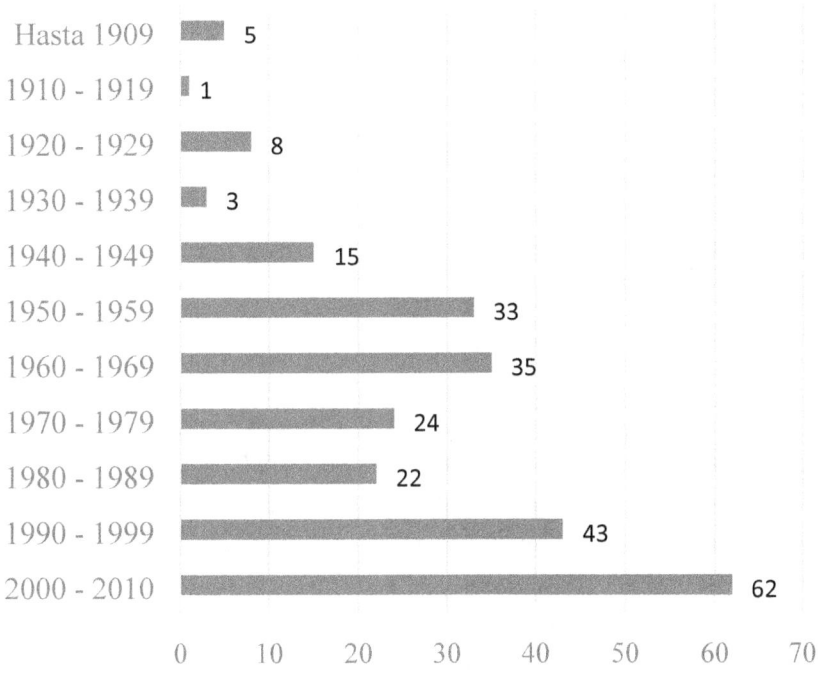

Este gráfico muestra la distribución de todas las películas seleccionadas en "Las películas que debe conocer" hasta la primera década del siglo XXI. No sólo las analizadas en este libro que llegan hasta la mitad del siglo XX

37. LAS CIEN MEJORES PELÍCULAS QUE DEBE CONOCER

La lista original incluye 250 películas y puede continuar creciendo pero para efectos de facilitar la comparación con las otras listas en base a 100 que verán en las siguientes tablas, hubo seleccionar las 100 mejores películas.

Posic.	Puntos	Película
1	10,0	El Padrino (1972)
2	10,0	Casablanca (1942) *
3	10,0	El padrino II (1974)
4	9,9	Lo que el viento se llevó (1939) *
5	9,8	Cinema Paradiso (1988)
6	9,7	2001: una odisea del espacio (1968)
7	9,7	El secreto de sus ojos (2009)
8	9,5	El graduado (1967)
9	9,3	Dogville (2003)
10	9,0	Trainspotting (1996)
11	9,0	Cadena perpetua (1994)
12	9,0	La lista de Schindler (1993)
13	9,0	Requiem por un sueño (2000)
14	8,9	La vida es bella (1997)
15	8,9	El camino de los sueños (2001)
16	8,8	Ciudadano Kane (1941) *
17	8,8	La ventana indiscreta (1954)
18	8,8	Psicosis (1960)
19	8,7	Memento (2000)
20	8,7	Lunas de hiel (1992)
21	8,7	Irreversible (2002)

22	8.7	Tiempos Violentos (Pulp Fiction 1994)
23	8,6	Matrix (1999)
24	8,6	El resplandor (1980)
25	8,5	Chinatown (1974)
26	8,5	American history X (1998)
27	8,5	Cenizas del paraíso (1997)
28	8,5	Match Point (2005)
29	8,4	La caída (2004)
30	8,4	La naranja mecánica (1971)
31	8,3	Sospechosos habituales (1995)
32	8,3	La vida de los otros (2006)
33	8,3	Amores perros (2000)
34	8,3	El acorazado Potemkin (1925) *
35	8,2	Rosaura a las diez (1958)
36	8,1	El cartero (1994)
37	8,1	El laberinto del fauno (2006)
38	8,0	Cabaret (1972)
39	8,0	Eva al desnudo (1950)
40	7,9	Los siete pecados capitales (1995)
41	7,9	Qué bello es vivir (1946) *
42	7,8	El silencio de los inocentes (1991)
43	7,8	Amelie (2001)
44	7,8	Taxi Driver (1976)
45	7,7	Metrópolis (1927) *
46	7,7	Belleza Americana (1999)
47	7,7	El profesional (1994)
48	7,6	El submarino (1981)
49	7,6	Cantando bajo la lluvia (1953)
50	7,6	Vidas cruzadas (Crash) (2004)
51	7,6	Manhattan (1979)
52	7,5	Los cuatrocientos golpes (1959)
53	7,4	La soga (1948) *
54	7,4	Cenizas y diamantes (1958)
55	7,4	Forrest Gump (1994)

56	7,4	Brasil (1985)
57	7,4	Érase una vez en América (1984)
58	7,3	La rosa blanca (2005)
59	7,3	Atrapado sin salida (1975)
60	7,3	Abre los ojos (1997)
61	7,3	Hannah y sus hermanas (1986)
62	7,3	Invasiones Bárbaras (2003)
63	7,2	El quimérico inquilino (1976)
64	7,2	Babel (2006)
65	7,2	La tregua (1974)
66	7,1	El tambor de Hojalata (1979)
67	7,1	Paris, Texas (1984)
68	7,1	Juego mortal (1972)
69	7,0	El pianista (2002)
70	7,0	Delicatessen (1991)
71	7,0	Rashomon (1950)
72	7,0	El tercer hombre (1949) *
73	7,0	El club de la pelea (1999)
74	7,0	El crepúsculo de los dioses (1950)
75	7,0	Senderos de gloria (1957)
76	7,0	La celebración (1998)
77	7,0	El apartamento (1960)
78	7,0	Blade Runner (1982)
79	7,0	Tres colores: Azul (1993)
80	7,0	Quién quiere ser millonario (2008)
81	6,9	Doce hombres sin piedad (1957)
82	6,9	El verdugo (1963)
83	6,8	M, El vampiro de Dusseldorf (1931) *
84	6,8	Alien (1979)
85	6,8	Rififi (1955)
86	6,7	El halcón maltés (1941) *
87	6,7	Oldboy (2003)
88	6,6	El ángel exterminador (1962)
89	6,5	Viaje a la Luna (1902) *

90	6,5	Las noches de Cabiria (1957)
91	6,5	Los mejores años de nuestras vidas (1946) *
92	6,4	Ladrones de bicicletas (1948) *
93	6,4	El matrimonio de María Braun (1979)
94	6,4	Al final de la escapada (1960)
95	6,3	Casino Royal (2006)
96	6,3	Una jornada particular (1977)
97	6,2	Un hombre y una mujer (1966)
98	6,2	Cría cuervos (1976)
99	6,1	Fantasía (1940) *
100	6,1	Pesadilla antes de Navidad (1993)

* Indica películas que son analizadas en el presente volumen

38. LAS CIEN MEJORES PELICULAS SEGÚN IMDB

IMDB (Internet Movie Data Base) es la base de datos más grande de información de cine. Los visitantes registrados pueden votar por las películas de su preferencia dándole una puntuación entre 1 (peor) y 10 (mejor). Esta es la lista de las 100 películas más votadas a octubre 2014.

Posición	Puntos	Película
1.	9.2	Cadena perpetua (1994)
2.	9.2	El padrino (1972)
3.	9.0	El Padrino II (1974)
4.	8.9	El caballero oscuro (2008)
5.	8.9	Tiempos violentos (Pulp Fiction) (1994)
6.	8.9	El bueno, el malo y el feo (1966)
7.	8.9	La lista de Schindler (1993)
8.	8.9	12 hombres sin piedad (1957)
9.	8.9	El señor de los anillos: El retorno del rey (2003)
10.	8.8	El club de la pelea (1999)
11.	8.8	La comunidad del anillo (2001)
12.	8.8	La guerra de las galaxias: Episodio V (1980)
13.	8.7	Origen (Incepción) (2010)
14.	8.7	Forrest Gump (1994)
15.	8.8	Atrapado sin salida (1975)
16.	8.8	El señor de los anillos: La comunidad del anillo
17.	8.7	Uno de los nuestros (Goodfellas) (1990)

18.	8.7	Matrix (1999)
19.	8.7	La guerra de las galaxias (1977)
20.	8.7	Los siete samurais (1954)
21.	8.7	Ciudad de Dios (2002)
22.	8.6	Seven (1995)
23.	8.6	Sospechosos habituales (1995)
24.	8.6	El silencio de los inocentes (1991)
25.	8.6	Qué bello es vivir (1946)
26.	8.6	Érase una vez en el Oeste (1968)
27.	8.6	El profesional (1994)
28.	8.6	La vida es bella (1997)
29.	8.6	Casablanca (1942)
30.	8.6	En busca del arca perdida (1981)
31.	8.5	American History X (1998)
32.	8.5	Psicosis (1960)
33.	8.5	Rescatando al soldado Ryan (1998)
34.	8.5	La ventana indiscreta (1954)
35.	8.5	Luces de la ciudad (1931)
36.	8.5	El viaje de Chihiro (2001)
37.	8.5	Amigos intocables (2011)
38.	8.5	Tiempos modernos (1936)
39.	8.5	Terminator 2: El juicio final (1991)
40.	8.5	Memento (2000)
41.	8.5	El pianista (2002)
42.	8.5	La milla verde (1999)
43.	8.5	El crepúsculo de los dioses (1950)
44.	8.5	Apocalypse Now (1979)
45.	8.5	¿Teléfono rojo?, volamos hacia Moscú (1964)
46.	8.5	Los infiltrados (2006)
47.	8.5	Gladiador (2000)
48.	8.5	Regreso al futuro (1985)
49.	8.5	Alien – El octavo pasajero (1979)
50.	8.5	Boyhood (Momentos de una vida) (2014)
51.	8.4	El truco final (The Prestige) (2006)
52.	8.4	Batman: El caballero de la noche asciende (2012)
53.	8.4	La vida de los otros (2006)
54.	8.4	Django desencadenado
55.	8.4	El gran dictador (1940)

56.	8.4	El rey león (1994)
57.	8.4	El resplandor (1980)
58.	8.4	Cinema Paradiso (1988)
59.	8.4	Senderos de gloria (1957)
60.	8.4	Belleza americana (1999)
61.	8.4	WALL•E (2008)
62.	8.4	Guardianes de la galaxia (2014)
63.	8.4	Con la muerte en los talones (1959)
64.	8.4	Aliens: El regreso (1986)
65.	8.5	Ciudadano Kane (1941)
66.	8.4	Amélie (2001)
67.	8.5	Vértigo (1958)
68.	8.4	Toy Story 3 (2010)
69.	8.4	M, el vampiro de Düsseldorf (1931)
70.	8.4	El submarino (1981)
71.	8.4	Oldboy (2003)
72.	8.4	La princesa Mononoke (1997)
73.	8.4	La naranja mecánica (1971)
74.	8.4	Star wars: Episodio VI – El regreso de Jedi (1983)
75.	8.4	La tumba de las luciérnagas (1988)
76.	8.4	Taxi Driver (1976)
77.	8.4	Perdida
78.	8.4	Érase una vez en América (1984)
79.	8.4	Perros de la calle (Reservoir Dogs) (1992)
80.	8.4	Perdición (Double Indemnity) (1944)
81.	8.3	Corazón valiente (1995)
82.	8.4	Réquiem por un sueño (2000)
83.	8.4	Matar a un Ruiseñor (1962)
84.	8.3	Lawrence de Arabia (1962)
85.	8.3	¡Olvídate de mí! (2004)
86.	8.3	Testigo de cargo (1957)
87.	8.3	La chaqueta metálica (1987)
88.	8.3	Cantando bajo la lluvia (1952)
89.	8.3	El golpe (1973)
90.	8.3	Ladrones de bicicletas (1948)
91.	8.3	Amadeus (1984)
92.	8.3	Los caballeros de la mesa cuadrada (1975)
93.	8.3	Snatch: cerdos y diamantes (2000)

39. LAS CIEN MEJORES PELÍCULAS DE LA REVISTA TIME

Esta es la lista de las 100 mejores películas según la revista Time. Es una traducción de la original aparecida en la revista y no está ordenada según ningún criterio de calidad o preferencia, de modo que el primer título no es "el mejor", sino que repite el orden aparecido en inglés (por orden alfabético).

1. Aguirre, la ira de Dios (Werner Herzog, 1972)
2. Trilogía de Apu (Satyajit Ray, 1955-59)
3. La pícara puritana (Leo McCarey, 1937)
4. Baby face (Alfred Green, 1933)
5. Asalto Frustrado (Jean-Luc Godard, 1964)
6. Barry Lyndon (Stanley Kubrick, 1975)
7. Berlin Alexanderplatz (R.W. Fassbinder, 1980)
8. Blade Runner (Ridley Scott, 1982)
9. Bonnie and Clyde (Arthur Penn, 1967)
10. Brazil (Terry Gilliam, 1985)
11. La novia de Frankenstein (James Whale, 1935)
12. La dama de las camelias (George Cukor, 1936)
13. Casablanca (Michael Curtiz, 1942)
14. Charada (Stanley Donen, 1963)
15. Sombras en el Paraíso (Marcel Carné, 1945)
16. Barrio Chino (Roman Polanski, 1975)
17. Chungking Express (Wong Kar-wai, 1994)
18. El Ciudadano (Orson Welles, 1941)

19. Luces de la ciudad (Charles Chaplin, 1931)
20. Ciudad de Dios (Fernanando Meirelles, 2002)
21. Trenes rigurosamente vigilados (Jiri Menzel, 1966)
22. El crimen del señor Lange (Jean Renoir, 1936)
23. Y el mundo marcha... (King Vidor, 1928)
24. La noche americana (François Truffaut, 1973)
25. El decálogo (Krysztof Kieslowsky, 1989)
26. Detour (Edgar G. Ulmer, 1945)
27. El discreto encanto de la burguesía (Luis Buñuel, 1972)
28. Desengaño (William Wyler, 1936)
29. Pacto de sangre (Billy Wilder, 1944)
30. Doctor Insólito (Stanley Kubrick, 1964)
31. Drunken Master II (Jackie Chan, 1994)
32. E.T., el extraterrestre (Steven Spielberg, 1982)
33. 8 y 1/2 (Federico Fellini, 1963)
34. Los 400 golpes (François Truffaut, 1959)
35. Adiós, mi concubina (Zhang Yimou, 1993)
36. Buscando a Nemo (Andrew Stanton, 1993)
37. La mosca (David Cronenberg, 1986)
38. El Padrino (I y II) (Francis Ford Coppola, 1972-1974)
39. El bueno, el malo y el feo (Sergio Leone, 1966)
40. Buenos Muchachos (Martin Scorsese, 1990)
41. Anochecer de un día agitado (Richard Lester, 1964)
42. Ayuno de amor (Howard Hawks, 1940)
43. Vivir (Akira Kurosawa, 1952)
44. En un lugar solitario (Nicholas Ray, 1950)
45. La invasión de los usurpadores de cuerpos (Don Siegel, 1956)
46. It's a Gift (Norman Z. McLeod, 1934)
47. ¡Qué bello es vivir! (Frank Capra, 1946)
48. Kandahar (Mohsen Makhmalbaf, 2002)
49. Los ocho sentenciados (Robert Hamer, 1949)
50. King Kong (1933, Ernst Schoesdak y Merian C. Cooper)
51. Las tres noches de Eva (Preston Sturges, 1941)
52. El último comando (Josef Von Sternberg, 1928)
53. Lawrence de Arabia (David Lean, 1962)
54. Léolo (Jean-Claude Lozon, 1992)
55. El Señor de los Anillos (Peter Jackson, 2001-2003)
56. El hombre de la cámara (Dziga Vertov, 1929)

57. El embajador del miedo (John Frankenheimer, 1962)
58. La rueda de la fortuna (Vincente Minelli, 1944)
59. Metrópolis (Fritz Lang, 1927)
60. De paseo a la muerte (Joel y Ethan Coen, 1990)
61. Mi tío de América (Alain Resnais, 1980)
62. Mouchette (Robert Bresson, 1967)
63. Nayakan (Mani Ratman, 1987)
64. Ninotchka (Ernst Lubitsch, 1939)
65. Tuyo es mi corazón (Alfred Hitchcock, 1946)
66. Olympia (Leni Riefenstahl, 1938)
67. Nido de ratas (Elia Kazan, 1954)
68. Érase una vez en el Oeste (Sergio Leone, 1968)
69. Retorno al pasado (Jacques Tourneur, 1947)
70. Persona (Ingmar Bergman, 1966)
71. Pinocho (Ben Sharpsteen, 1938)
72. Psicosis (Alfred Hitchcock, 1960)
73. Tiempos Violentos (Quentin Tarantino, 1994)
74. La Rosa Púrpura de El Cairo (Woody Allen, 1985)
75. Pyaasa (Guru Dutt, 1957)
76. Toro salvaje (Martin Scorsese, 1980)
77. La lista de Schindler (Steven Spielberg, 1993)
78. Más corazón que odio (John Ford, 1956)
79. Sherlock Jr. (Buster Keaton, 1924)
80. El bazar de las sorpresas (Ernst Lubitsch, 1940)
81. Cantando bajo la lluvia (Stanley Donen, 1952)
82. El detective cantante (Jon Amiel, 1986)
83. Sonrisas de una noche de verano (Ingmar Bergman, 1956)
84. Una Eva y dos Adanes (Billy Wilder, 1959)
85. La Guerra de las Galaxias (George Lucas, 1977)
86. Un tranvía llamado Deseo (Elia Kazan, 1951)
87. Amanece (F.W. Murnau, 1927)
88. El dulce aroma del éxito (Alexander Mackendrick, 1957)
89. Swing Time (George Stevens, 1936)
90. Hable con ella (Pedro Almodóvar, 2002)
91. Taxi Driver (Martin Scorsese, 1976)
92. Historia de Tokyo (Yasujiro Ozu, 1953)
93. A touch of Zen (King Hu, 1971)
94. Cuentos de la luna pálida (Kenji Mizoguchi, 1953)

95. La mirada de Ulises (Theo Angelopoulos, 1995)
96. Umberto D (Vittorio De Sica, 1952)
97. Los imperdonables (Clint Eastwood, 1992)
98. Al rojo vivo (Raoul Walsh, 1949)
99. Las alas del deseo (Wim Wenders, 1987)
100. Yojimbo (Akira Kurosawa, 1961)

40. LAS CIEN MEJORES PELÍCULAS DE *LES CAHIERS DU CINEMA*

La reconocida revista francesa de cine *Les Cahiers Du Cinema*, una de las más importantes e influyentes a nivel mundial, publicó recientemente su lista de las cien mejores películas de todos los tiempos. Hay películas francesas, norteamericanas, españolas, alemanas, rusas y latinoamericanas. Resulta bastante curioso que no se incluya ni una sola película británica en la lista.

* Citizen Kane - Orson Welles
* The Night of the Hunter - Charles Laughton
* The Rules of the Game (La Règle du jeu) - Jean Renoir
* Sunrise: A Song of Two Humans (L'Aurore) - Friedrich Wilhelm Murnau
* L'Atalante - Jean Vigo
* M - Fritz Lang
* Singin' in the Rain - Stanley Donen & Gene Kelly
* Vertigo - Alfred Hitchcock
* Children of Paradise (Les Enfants du Paradis) - Marcel Carné
* The Searchers - John Ford
* Greed - Erich von Stroheim
* Rio Bravo - Howard Hawkes
* To Be or Not to Be - Ernst Lubitsch
* Tokyo Story - Yasujiro Ozu
* Contempt (Le Mépris) - Jean-Luc Godard
* Tales of Ugetsu (Ugetsu monogatari) - Kenji Mizoguchi
* City Lights - Charlie Chaplin
* The General - Buster Keaton
* Nosferatu the Vampire - Friedrich Wilhelm Murnau

* The Music Room - Satyajit Ray
* Freaks - Tod Browning
* Johnny Guitar - Nicholas Ray
* The Mother and the Whore (La Maman et la Putain) - Jean Eustache
* The Great Dictator - Charlie Chaplin
*The Leopard (Le Guépard) - Luchino Visconti
* Hiroshima, My Love - Alain Resnais
* The Box of Pandora (Loulou) - Georg Wilhelm Pabst
* North by Northwest - Alfred Hitchcock
* Pickpocket - Robert Bresson
* Golden Helmet (Casque d'or) - Jacques Becker
* The Barefoot Contessa - Joseph Mankiewitz
* Moonfleet - Fritz Lang
* Diamond Earrings (Madame de…) - Max Ophüls
* Pleasure - Max Ophüls
* The Deer Hunter - Michael Cimino
* The Adventure - Michelangelo Antonioni
* Battleship Potemkin - Sergei M. Eisenstein
* Notorious - Alfred Hitchcock
* Ivan the Terrible - Sergei M. Eisenstein
* The Godfather - Francis Ford Coppola
* Touch of Evil - Orson Welles
* The Wind - Victor Sjöström
* 2001: A Space Odyssey - Stanley Kubrick
* Fanny and Alexander - Ingmar Bergman
* The Crowd - King Vidor
* 8 1/2 - Federico Fellini
* La Jetée - Chris Marker
* Pierrot le Fou - Jean-Luc Godard
* Confessions of a Cheat (Le Roman d'un tricheur) - Sacha Guitry
* Amarcord - Federico Fellini
* Beauty and the Beast (La Belle et la Bête) - Jean Cocteau

185

* Some Like It Hot - Billy Wilder
* Some Came Running - Vincente Minnelli
* Gertrud - Carl Theodor Dreyer
* King Kong - Ernst Shoedsack & Merian J. Cooper
* Laura - Otto Preminger
* The Seven Samurai - Akira Kurosawa
* The 400 Blows - François Truffaut
* La Dolce Vita - Federico Fellini
* The Dead - John Huston
* Trouble in Paradise - Ernst Lubitsch
* It's a Wonderful Life - Frank Capra
* Monsieur Verdoux - Charlie Chaplin
* The Passion of Joan of Arc - Carl Theodor Dreyer
* À bout de souffle - Jean-Luc Godard
* Apocalypse Now - Francis Ford Coppola
* Barry Lyndon - Stanley Kubrick
* La Grande Illusion - Jean Renoir
* Intolerance - David Wark Griffith
* A Day in the Country (Partie de campagne) - Jean Renoir
* Playtime - Jacques Tati
* Rome, Open City - Roberto Rossellini
* Livia (Senso) - Luchino Visconti
* Modern Times - Charlie Chaplin
* Van Gogh - Maurice Pialat
* An Affair to Remember - Leo McCarey
* Andrei Rublev - Andrei Tarkovsky
* The Scarlet Empress - Joseph von Sternberg
* Sansho the Bailiff - Kenji Mizoguchi
* Talk to Her - Pedro Almodóvar
* The Party - Blake Edwards
* Tabu - Friedrich Wilhelm Murnau
* The Bandwagon - Vincente Minnelli
* A Star Is Born - George Cukor

* Mr. Hulot's Holiday - Jacques Tati
* America, America - Elia Kazan
* El - Luis Buñuel
* Kiss Me Deadly - Robert Aldrich
* Once Upon a Time in America - Sergio Leone
* Daybreak (Le Jour se lève) - Marcel Carné
* Letter from an Unknown Woman - Max Ophüls
* Lola - Jacques Demy
* Manhattan - Woody Allen
* Mulholland Dr. - David Lynch
* My Night at Maud's (Ma nuit chez Maud) - Eric Rohmer
* Night and Fog (Nuit et Brouillard) - Alain Resnais
* The Gold Rush - Charlie Chaplin
* Scarface - Howard Hawks
* Bicycle Thieves - Vittorio de Sica
* Napoléon - Abel Gance

ÍNDICE

BIBLIOGRAFÍA

Wheeler Winston Dixon & Gwendolyn Andrey Foster. *Breve historia del cine.* Barcelona, Ediciones Robinbook -2008

Julio Castedo. *Las cien mejores películas del siglo XX.* Madrid, Ediciones Jaguar – 2000

George Sadoul. Historia del cine mundial. Siglo veintiuno editores -1985

Jürgen Müller. 100 clásicos del cine – Volumen 1. Taschen

Jürgen Müller. Cine de los 30. Taschen

Jürgen Müller. Cine de los 40. Taschen

Steven Jay Schneider. 1001 Movies You Must See Before You Die. Barron´s

Vincent Canby, Janet Maslin. Best 1000 Movies Ever Made. The New York Times – 1999

Jim Piazza and Gail Kinn. The Academy Awards. Black Dog & Leventhal Publishers – 2002

100 películas más importantes de la historia. Editorial Cordillera - 2008

Roger Ebert. Las grandes películas. Barcelona, Ediciones Robinbook – 2002

Jesús Ramos, Joan Marimón. Diccionario del Guion audiovisual. Editorial Océano - 2002

www.IMDb.com

www.Filmaffinity.com

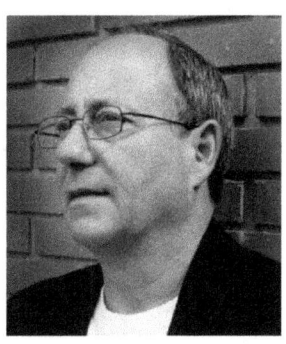

NELSON CORDIDO ROVATI

Nació en Barquisimeto, Venezuela en 1949. Ingeniero electrónico. Comenzó a escribir en el 2005 al retirarse del ejercicio de su profesión. Es finalista del IV Concurso Nacional de Cuentos Sacven 2007 con el relato La entrevista de empleo. Finalista del I Concurso Internacional de Cuento Breve con el relato *El portón negro* (México - 2008). Mención publicación en el IV concurso Nacional de Narrativa Salvador Garmendia 2009 con el libro *Claro que me atrevo y otros relatos*. Ha escrito variados cuentos, entre ellos: *Amor instantáneo, Cruel soledad, Funeral riesgoso, No pierdas la pensión, Sacrificio* y muchos otros, disponibles en Internet, Revista Nacional de Cultura (No. 335), en la *Antología del Trasnocho* (2007), en las antologías *La fiesta de la ficción* (2010) y *Nudos y desenlaces* (2013). Autor de los libros *Cuentos de Amor y Terror* (2006), *35 minutos* (2012), *35 Relatos* (2013), *Las películas que debe conocer – Tomo 1, Los inicios del cine* (2013) y *Las películas que debe conocer – Tomo 2, La década de los años 50* (2014). Autor de los talleres: Los libros que hay que conocer y Las películas que hay que conocer. Autor de la columna mensual *Estrellas Imperdibles* de la revista Sala de Espera, edición Venezuela.

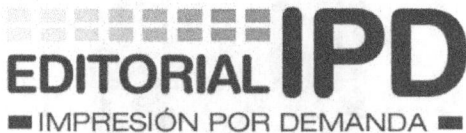

Editorial IPD comenzó a funcionar en 2013, para prestar servicios a los nuevos escritores que necesiten editar sus libros rápidamente, a bajo costo y con un tiraje reducido. Utilizamos el método de **I**mpresión **P**or **D**emanda (IPD), lo que significa que los libros son impresos en el momento a partir de un ejemplar.

Los libros estarán disponibles tanto en papel como en digital (Kindle) en los sitios web de Amazon. También pueden ser impresos de manera tradicional en Caracas y distribuidos en algunas cadenas de librerías en Venezuela.

Las regalías que recibe el autor son más altas que en las editoriales tradicionales y dependen del precio de venta fijado por el mismo autor.

Puede ver más detalles del método de edición en la página web editorial-ipd.webs.com o si lo prefiere, consultando directamente a nelcordido@yahoo.com

---

[i] **Ku Klux Klan (KKK)** es el nombre de varias organizaciones de extrema derecha en Estados Unidos, que se originaron en el siglo XIX, inmediatamente después de la Guerra de Secesión, y que promueven principalmente la xenofobia, así como la supremacía de la raza blanca, homofobia, el antisemitismo, racismo y el anticomunismo.

[ii] **Expresionismo alemán.** Movimiento cultural surgido en Alemania a principios del siglo XX. Se originó en la pintura y se extendió a un gran número de campos: artes plásticas, literatura, música, cine, teatro, danza, fotografía, etc. Llegó al cine después de la Primera Guerra Mundial, cuando ya prácticamente había desaparecido como corriente artística.

[iii] **Odesa** es la tercera ciudad más poblada de Ucrania, conocida por su puerto emplazado a orillas del mar Negro. Cuenta con más de un millón de habitantes. Fue inmortalizada en el cine con la película El acorazado Potemkin.

[iv] **Picado o Plano picado**: la cámara se sitúa en un plano superior al objeto a filmar. La intención en este tipo de plano es transmitir inferioridad o una posición débil respecto al observador. Si el ángulo en que se coloca la cámara es muy pronunciado se llama cenital.

[v] **Contrapicado o plano contrapicado**: La cámara se sitúa en una posición más baja que el objeto a filmar, a fin de resaltarlo como superioridad o grandiosidad con respecto a quien observa la fotografía.

[vi] **Surrealismo.** Movimiento artístico y literario surgido en Francia a partir del dadaísmo, en la década de los años 1920, en torno a la personalidad del poeta André Breton.

[vii] **Cine negro (film noir)**: Es un género cinematográfico que se desarrolló en Estados Unidos entre la década de 1930 y 1950.Las películas de este género giran en torno a hechos delictivos y criminales con un fuerte contenido expresivo y una característica estilización visual.

[viii] **Neorrealismo italiano**: Movimiento cinematográfico que surgió en Italia a finales de la primera mitad del siglo XX como una reacción a la Posguerra. Su objetivo era mostrar las condiciones sociales más humanas alejándose del estilo histórico y musical que había impuesto el fascismo.